Johannes Kiersch

In „okkulter Gefangenschaft"?

Johannes Kiersch

In „okkulter Gefangenschaft"?

VON DER GEWORDENEN ZUR
WERDENDEN ANTHROPOSOPHIE

Bibliographische Information der Deutschen Nationalbibliothek

Die Deutsche Nationalbibliothek verzeichnet diese Publikation in der Deutschen Nationalbibliographie; detaillierte bibliographische Daten sind im Internet über http://dnb.ddb.de abrufbar.

ISBN 978-3-95779-032-3

Erste Auflage 2015
Zweite Auflage 2016

© 2015 Info3-Verlagsgesellschaft Brüll & Heisterkamp KG,
Frankfurt am Main
Typographie und Satz: Clarissa Heisterkamp
Umschlag: Frank Schubert
Druck und Bindung: booksfactory.de Szczecin, Polen

In diesen stillen Mauern lernt der Mensch sich selbst und sein Innerstes erforschen.
Er bereitet sich vor, die Stimme der Götter zu vernehmen; aber die erhabene Sprache der Natur, die Töne der bedürftigen Menschheit lernt nur der Wandrer kennen, der auf den weiten Gefilden der Erde umherschweift.

GOETHE: DER ZAUBERFLÖTE ZWEITER TEIL

Inhalt

Schwanken: Liminale Prozesse als Zugänge zur Wirklichkeit —
Vom Kredit zum Guthaben

Vorwort

Sind wir, die Schüler Rudolf Steiners, heute dort, wo wir sein könnten? Viele bezweifeln das. Anthroposophische Institutionen blühen und gedeihen. Aber das Interesse am Kern der Sache geht zurück. Für die Mehrheit der Mitarbeiter in unseren Einrichtungen, und besonders für die jüngeren unter ihnen, sind Anthroposophie als solche und die esoterischen Intentionen ihres Begründers in ferne Distanz gerückt. Sie leben mit lieb gewordenen Traditionen, weil vieles plausibel ist, was sie darin vorfinden, und weil es funktioniert. „Erkenntnisse der höheren Welten" streben nur noch wenige von ihnen an. Von anthroposophischer „Esoterik" zu reden wirkt zunehmend peinlich. Steiners Vision einer konkreten Zusammenarbeit mit Wesen der Geist-Welt, wie er sie vor dem Lehrerkollegium der ersten Waldorfschule, vor den Jungmedizinern, vor den Teilnehmern des Landwirtschaftlichen Kurses in Koberwitz entfaltet hat, ist für sie nur noch ein utopischer Traum oder ein marginales Kuriosum. Kann diese Vision ihre belebende Kraft für die anthroposophische Bewegung zurückgewinnen? Was steht ihrer Belebung entgegen? Was können wir dafür tun?

Als *Manfred Schmidt-Brabant* (damals Erster Vorsitzender der Anthroposophischen Gesellschaft) wenige Monate vor seinem Tode, bei der Michaeli-Konferenz des Jahres 2000 in Dornach, eine Wortprägung Rudolf Steiners aufgreifend, die

Frage stellte, ob die anthroposophische Bewegung womöglich in „okkulte Gefangenschaft" geraten sei und deshalb den erhofften großen Durchbruch im Weltgeschehen noch immer nicht erreicht habe, fand er damit ein breites Echo. Das war einleuchtend. Schwer durchschaubare Gegenkräfte hatten verhindert, was aus sich heraus, ohne Hinderung von außen, hätte erreicht werden können. Schmidt-Brabant suchte diese Gegenkräfte in einem „Nominalismus in der Denkweise", einer Anpassung an das naturwissenschaftliche Denken der Gegenwart, auch unter uns selbst. Er war nicht in der Lage, die unbefriedigende Situation eindeutig aufzuklären. Dennoch sah er einen Ausweg: ein Wiederaufgreifen des von Rudolf Steiner inaugurierten „ethischen Individualismus".[1]

Seither hat sich der Gedanke, dass Anthroposophie in Zukunft durch individuelle Taten freier Menschen gedeihen werde, mit unterschiedlichen Akzentsetzungen weiter ausgebreitet. Was es damit auf sich hat, ist aber noch längst nicht hinreichend klar. Auch scheinen inzwischen neue Hindernisse aufzutreten, die das schon Erreichte wieder in Frage stellen. Das hat mich bewogen, einige Gedankengänge, die in den letzten Jahren an unterschiedlichen Orten als Aufsätze erschienen sind, hier zusammengefasst vorzulegen. Ich habe die darin erörterten Phänomene und Entwicklungen als Lehrer an einer bekannten Waldorfschule, als Mitarbeiter an einer Waldorf-Lehrerbildungsstätte und durch jahrelange engagierte Tätigkeit in der *Freien Hochschule für Geisteswissenschaft* selbst durchlebt und immer wieder zu durchdenken versucht. Nach meiner Überzeugung hat sich die Geisteswissenschaft Rudolf Steiners vor allem deshalb auf so vielen Lebensgebieten erfolgreich durchgesetzt, weil sie von ihren ersten Vertretern als Religion verstanden und verwirklicht worden ist. Das war fruchtbar, hatte aber Nebenwirkungen, die nicht rechtzeitig bedacht wurden. Unsere Bewegung ist in vieler Hinsicht bis heute in den Empfindungen und Lebensgewohnheiten aus der Zeit ihres ersten Erscheinens stecken geblieben. Ein naives Gefühl der Überlegenheit über alles, was nicht dazu gehörte — fremde Geistesströmungen, die „äußere" Wissenschaft, verwahrloste Kultur- und Sozialverhältnisse —, erzeugte damals ein anheimelndes Binnenklima, in welchem wir uns geborgen fühlen konnten, das uns aber zugleich von der übrigen Welt nahezu völlig isolierte und schließlich Angst vor allem Fremden auslöste, Unsicherheiten gegenüber der eigenen Vergangenheit, Tendenzen zu Apathie und Resignation, stellenweise auch fundamentalistische Stimmungen.

Angesichts dieser Lage ist wegweisend für mich Rudolf Steiners Idee eines ergebnisoffenen Gesprächs zwischen seiner Wissenschaft vom Geist und üblicher empirischer Forschung, wie er sie im Epochenjahr 1917 in seinem Buch „Von Seelenrätseln" entworfen hat. Er unterscheidet dort *Anthroposophie* und *Anthropologie*, zwei Forschungsweisen, die auf den ersten Blick unvereinbar erscheinen, so verschieden wie Schwarz und Weiß, die sich aber bei genauerem Zusehen als in allen Einzelheiten kompatibel erweisen und in einer Philosophie über den Menschen zusammenfinden können. Mein altes Bild der anthroposophischen Geisteswissenschaft als einer überwältigenden *Offenbarung* wurde im Lauf der Jahre durch diesen Gedanken sehr verändert. Heute erscheint mir Anthroposophie als ein herausforderndes Provisorium, ein Kosmos aus Anregungen und Entwürfen, der erst durch individuelle Intuitionen und Taten einzelner Menschen den Boden der Wirklichkeit erreicht.

Die „okkulte Gefangenschaft", der *Manfred Schmidt-Brabant* auf die Spur gekommen ist, geht nicht nur auf böse Gegenkräfte der allgemeinen Zeitkultur zurück. Sie ergibt sich durch ein bis heute nicht befriedigend aufgeklärtes Zusammenspiel „äußerer" ebenso wie „innerer" Denkgewohnheiten. Zu einem guten Teil haben wir sie selbst verschuldet. Sie wird verschwinden, sobald wir uns, jede und jeder für sich, individuell bewegen.

Bochum, im August 2015
Johannes Kiersch

1.
„Esoterik" in Wissenschaft, Kunst und Religion

Dieser Beitrag zeigt, wie ein auf seinen Ursprung bei Platon zurückgeführter Begriff von Esoterik zentrale Impulse der Pädagogik Rudolf Steiners beleuchtet und uns lehrt, Wissenschaft, Kunst und schließlich auch Religion als Prozesse des Werdens zu verwirklichen.

Zu den selbstverständlichen Voraussetzungen des modernen aufgeklärten Denkens gehört die Überzeugung, dass alles überhaupt Erkennbare sprachlich mitteilbar sei. Der fortdauernde Kampf um das Menschenrecht der Meinungsfreiheit, die anerkannte Notwendigkeit des offenen demokratischen Diskurses als Basis einer menschenwürdigen Rechtsordnung oder der Freiheit von Forschung und Lehre als Grundlage für den Fortschritt der Wissenschaften führen notwendig die Tendenz mit sich, diese Auffassung in alle Bereiche des Lebens und auch in die Gewohnheiten des Alltags hineinzutragen. Jeder — so fühlen wir zunächst mit gutem Grund — soll über alles Bescheid wissen, und jeder soll bei allem mitreden dürfen. Wo sich Menschen oder Tatbestände hiergegen sträuben, muss es sich um Obskurantismus, Lüge, finsteres Machtstreben, abgelebte Traditionen oder ganz einfach um Unsinn handeln, jedenfalls um Dinge, die aufgeklärtem Denken feindlich entgegenstehen.

Zugleich hingegen wissen wir aus der allgemeinen Lebenserfahrung, dass es nicht immer leicht ist, treffend und vollständig zu sagen, was man weiß. Wer wollte einem großen Dirigenten, der eine Wagner-Oper oder eine Bruckner-Symphonie durch seine Kunst ausdeutet, nicht ein Höchstmaß an Bewusstsein zugestehen. Und doch lässt sich mit Worten niemals angemessen und vollständig beschreiben, was er tut. Ähnlich geht es uns mit Malern oder Bildhauern, Eiskunstläufern und Jongleuren. *Susanne Langer* unterscheidet deshalb, im Anschluss an *Ernst Cassirers* „Philosophie der symbolischen Formen", „diskursive" Formen des Wissens, die sich im Medium der Sprache bewegen, von den außersprachlichen „präsentativen" Formen des Rituals, des Mythos, der Kunst.[2] *Wolfgang Wieland* erinnert an den Wissensbegriff *Platons*, der auch das Gebrauchswissen des Handwerkers, das Erfahrungswissen des fähigen Arztes oder Kaufmanns als „nichtpropositionale" Wissensformen mit einschließt.[3] Auch bleibt zu beachten, dass es im persönlichen Bereich (und nicht nur dort) ein gleichsam verletzbares, sensibles Wissen gibt, das durch den Akt der sprachlichen Formulierung deformiert wird. Ein Händedruck oder ein Kuss kann „wahrer" sein als die Mitteilung: „Ich liebe dich!" Wo wirklicher Konsens herrscht, bedarf es keiner sprachlichen Bekräftigung. Oft versucht man deshalb, durch verbindliche Formulierungen noch eben festzuhalten, was schon in Auflösung begriffen ist und sehr bald nicht mehr „wahr" sein wird.

Vollends zweifelhaft wird die naive neuzeitliche Auffassung von der eindeutigen und öffentlichen Fixierbarkeit allen wahren Wissens durch wissenschaftstheoretische Forschungsergebnisse, als deren Pionier der polnische Mediziner *Ludwik Fleck* mit seiner Lehre vom „Denkstil" und „Denkkollektiv" gelten kann. Ihm verdanken wir erste präzise Beschreibungen charakteristischer Formveränderungen, die wissenschaftliches Wissen auf seinem Wege von den ersten, noch vorsichtig tastenden, nach vielen Seiten offenen, gleichsam noch beweglich fluktuierenden Wahrnehmungen zu Beginn des Forschungsprozesses über das schon deutlicher fixierte Zeitschriften- und Handbuchwissen bis zur Konsolidierung im Lehrbuch und schließlich zur greifbar verfestigten Form der „wissenschaftlichen Tatsache" im Bewusstsein des Laien durchläuft. Zugleich beleuchtet Fleck das Wechselverhältnis der wissenschaftlich „Wissenden" untereinander, vor allem aber die wechselseitigen Einflüsse, die der große Umkreis des Laienpublikums und das jeweilige Zentrum der Forschung aufeinander ausüben.[4] Er nennt dieses Zentrum mit dem alten griechischen Wort „esoterisch". Und müssen wir uns nicht eingestehen, dass die Verwalter „esoterischen" Wissens zur Zeit der antiken Mysterien mit den Verwaltern modernen Forschungswissens zumindest hinsichtlich ihrer sozialen Funktion, ihres Verhaltens, ihrer Einwirkung auf die Zeitverhältnisse erstaunlich viel Gemeinsames haben? In vielen Bereichen des Wissens scheint es mehr „Esoterik" zu geben, als man gemeinhin glaubt.

Was nun aber war — zumindest in Griechenland — mit dem Begriff des Esoterischen ursprünglich gemeint? Nach *Thomas Szlezák*, dem Tübinger Platonforscher, der sich mit dieser Frage besonders eindringlich beschäftigt hat, ist „esoterisches"

Wissen nicht ohne weiteres mit „Geheimwissen" gleichzusetzen. Szlezák unterscheidet das Geheimwissen der Pythagoräer, das seiner Auffassung nach um der damit verbundenen Macht willen sekretiert wurde, von der „ungeschriebenen Lehre" Platons, die um ihrer selbst willen auf das Gespräch im Kreis der fortgeschrittenen Schüler beschränkt blieb. Bei Platon gehe es nicht um Erkenntnis als ein Werkzeug für Machtausübung, sondern um die besondere Beschaffenheit des höheren Wissens, die jede definitorische Festlegung durch das geschriebene Wort verbietet. Wer dieses Wissen aufschreibt, wie Dionysios von Syrakus es nach dem Zeugnis des siebten Briefs gegen den Willen des Meisters getan hat, verfälscht es und macht es unwahr.[5] Versuchen wir, in sehr vorläufiger und verkürzter Form die Eigenart dieses Wissens zu charakterisieren, so können wir vielleicht sagen:

— Das besondere „Wissen" der „ungeschriebenen Lehre" Platons kann niemals ganz, nur hilfsweise und vorläufig, durch Worte und noch weniger auf dem Umweg über die Schrift vermittelt werden.

— Es handelt sich um ein Wissen, auf das es im Leben besonders ankommt.

— Ein solches Wissen ergreift den ganzen Menschen. Es ist kein emotional und ethisch neutrales Wissen. Was darin *wahr* ist, ist zugleich *schön* und gut.

— Wesentliche Teile dieses Wissens gehen auf persönliche Evidenzerfahrungen zurück, die nicht zwingend zu vermitteln sind. Sie bedürfen der *Vorbereitung durch Übung*, und ihr Erscheinen ist auf bestimmte *Lebensverhältnisse* angewiesen. In der klassischen Formulierung Platons: „Die Kenntnis dieser Dinge ist keineswegs mitteilbar wie die anderer Lerngegenstände, sondern aus häufiger gemeinsamer Bemühung um die Sache selbst und aus dem gemeinsamen Leben entsteht es plötzlich — wie ein Licht, das von einem übergesprungenen Funken entfacht wurde — in der Seele und nährt sich dann schon aus sich heraus weiter."[6]

„Esoterisches" Wissen dieser Art bedarf keines Schutzes durch Geheimhaltung nach der Art okkultistischer Zirkel. Selbst wenn man davon ausgeht, dass Platon als Bürger von Athen mit hoher Wahrscheinlichkeit zu den „Eingeweihten" des Stadtheiligtums in Eleusis und damit zu einer Art Kultgemeinschaft gehört hat, deren Rituale streng geheimgehalten und bis heute nicht zuverlässig entschlüsselt worden sind,[7] und dass seine Teilhabe an den Mysterien den verborgenen Kern seiner philosophischen Prinzipienlehre durchaus berührt haben mag:[8] Das nicht schriftlich fixierbare Wissen, um das Platons Philosophieren kreist, schützt sich selbst durch seine besondere Beschaffenheit. „Es handelt sich hier", schreibt Wieland, „um eine Esoterik, die nicht an objektivierbaren und mitteilbaren Wissensinhalten, sondern an Verständnisstufen orientiert ist. Ihre Geheimnisse sind offenbare Geheimnisse."[9]

Szlezák und Wieland haben mit ihren Hinweisen auf Platon einen Esoterikbegriff ans Licht gehoben, der geeignet ist, die produktiven, kulturschaffenden esoterischen Strömungen der Geistes- und Sozialgeschichte von all den trüben Randgewässern zu unterscheiden, die heute noch immer mit gleichem Namen genannt werden. Athen in seiner Blütezeit war im Sinne Platons eine „esoterisch" übende Lebensgemeinschaft mit dem Zentrum des Heiligtums in Eleusis. Mit dem katholischen Kulturhistoriker *Gerd-Klaus Kaltenbrunner* dürfen wir annehmen, dass die gewaltigen zivilisatorischen Wirkungen der Engellehre des *Dionysius Areopagita* auf ein geistiges Zentrum zurückgehen, das von der bei *Paulus* beschriebenen Begegnung auf dem Areopag bis ins fünfte Jahrhundert hinein im Sinne Platons „esoterisch" arbeitete, ehe es sich in Schriftform öffentlich präsentierte.[10] Kaltenbrunner zeigt an diesem überragenden Beispiel, wie jede Religion notwendig auf Esoterik angewiesen ist.[11] Hat nicht jede der großen Menschheitsreligionen zumindest in ihren Mystikern das platonische Prinzip der übenden Lebensgemeinschaft zur Anwendung gebracht? Ganz ähnlich äußert sich — schon vorher — der Theologe *Paul Schwarzenau*, der mit Bezug auf den Evangelisten Markus (4, 11f.) und auf das gnostisch inspirierte apokryphe Thomas-Evangelium den Kreis der Jünger Jesu als eine esoterische Übungsgemeinschaft auffasst.[12] Zu den Elementen einer künftigen Weltreligion, die er in einem mutigen Buch beschreibt,[13] gehört auch die „Esoterik" im Sinne Platons, die als bewegendes, belebendes Moment in allen Hochreligionen auftritt, eine unendliche Vielfalt kulturtragender Manifestationen als feste Formen aus sich heraussetzend, ohne doch selbst eindeutig beschreibbar zu werden, ähnlich dem formlosen, morphologisch noch nicht festgelegten Wachstumsauge der Pflanze in seinem Verhältnis zu Blattwerk, Blüten und Holz.[14]

Von hier aus nun fällt zugleich ein Licht auf die Stellung der anthroposophischen „Esoterik" Rudolf Steiners im Zusammenhang der Waldorfpädagogik. Für gewisse Kritiker ist diese Pädagogik nichts weiter als ein sektenhaftes Werbemanöver, „Erziehung zur Anthroposophie"[15] oder naiver Ausfluss „okkulter Weltanschauung".[16] Nun war Rudolf Steiner ohne Zweifel ein bedeutender esoterischer Lehrer, aber ebenso deutlich ist es, dass er ein Lehrer im Sinne der Esoterik Platons war. Die diesbezüglichen Argumente sprechen für den wohlwollenden Leser aus dem hinterlassenen Werk ebenso wie aus der Biographie; sie brauchen hier nicht im Einzelnen expliziert zu werden. Wir beschränken uns darauf, einige Momente der Organisation und des Lehrplans der klassischen Waldorfschule hervorzuheben, die zeigen, wie nach der Auffassung Steiners anthroposophische „Esoterik" im besonderen Raum der Pädagogik kulturbegründend wirken soll.

Steiner konstituiert die Lehrerkonferenz seiner neuen Schule im Herbst 1919 als eine Versammlung von „Souveränen", die ihre Angelegenheiten in eigener Verantwortung „republikanisch" ordnen soll, also nach dem Vorbild der römischen *res publica* mit ihrer auf dem Prinzip der befristeten Ämterdelegation beruhenden Verwaltungsstruktur. Er gibt dieser Konferenz damit als dem Zentralorgan eigenverantwortlicher Selbstverwaltung eine modellhafte Rechtsform, die an Entschiedenheit bis heute nicht übertroffen ist und ohne Zweifel der lebhaften Autonomiedebatte im Bereich des staatlichen Schulwesens, die gegen Ende des vorigen Jahrhunderts so plötzlich aufbrach,[17] ein gutes Stück Boden bereitet hat. Schon vorher jedoch, nämlich zu Beginn des die Schulgründung vorbereitenden Lehrerkurses, konstituiert Steiner die gleiche Konferenz als *esoterisches* Organ im Sinne Platons. Eindringlich appelliert er an die höchsten moralischen Kräfte des Kollegiums, an seine gemeinsame Fähigkeit zu „übersinnlichem" Wahrnehmen, zugleich an die Realität der Engelwesen im Sinne des Dionysius Areopagita, die Beziehung des Kollegiums zu diesen Wesen und die daraus erwachsenden Verpflichtungen. An einer besonders intimen Stelle seiner Ausführungen bittet er, nicht mitzuschreiben. Erst im Anschluss hieran geht er zur anthropologischen Begründung seiner Pädagogik und zu den entsprechenden methodisch-didaktischen Prinzipien über.[18]

Die Waldorfschulen haben es bis heute nicht leicht, im konkreten Alltag die unterschiedlichen Funktionen der Lehrerkonferenz als *Rechts*-Organ und als „esoterisches" Geist-Organ miteinander in Einklang zu bringen und den Eltern oder der Öffentlichkeit gegenüber diesen Doppelcharakter des zentralen Leitungsgremiums plausibel zu vertreten. Das Ziel aber ist klar, und die weiter zunehmende Verbreitung und Differenzierung der Waldorfpädagogik wird das Erstrebte nach und nach auch besser handhabbar und lehrbar machen. Im Prinzip jedenfalls haben Waldorflehrer schon immer gewusst, was neuere Forschungen zur Schulentwicklung jetzt immer deutlicher zum Vorschein bringen: dass zeitgemäße

Schulen nicht, wie man in den 70er Jahren allgemein glaubte, Stätten der Informationsvermittlung mit technokratischer Außensteuerung sein können, sondern dass sie Stätten des gemeinsamen *Lebens* und *Übens*, der fortdauernden Erneuerung aus dem „Geist" der verantwortlich beteiligten Menschen zu werden haben, mithin Einrichtungen, die einen im Sinne der ungeschriebenen Lehre Platons „esoterischen" Kern brauchen.

Steiner hat seine neue Schule kaum fünf Jahre lang beratend fördern können. Was — überwiegend durch Vortrags- und Konferenznachschriften — von seinen pädagogischen Ideen erhalten geblieben ist, hat durchgehend keinen systematischen, sondern lediglich beispielgebenden und anregenden Charakter. Erst lange nach dem Zweiten Weltkrieg hat es die ersten bedeutenderen Versuche einer Synthese und theoretischen Durchdringung des verstreuten Reichtums seiner genialen Einfälle gegeben. Dabei wird nach und nach ein weitläufiger Gedankenzusammenhang bemerkbar, den man wegen seiner Offenheit und Vielseitigkeit ungern ein „Curriculum" oder eine „Didaktik" im üblichen Sinne des Wortes nennen möchte, der aber doch charakteristische Züge enthält, die ihn von anderen Pädagogiken deutlich unterscheiden. Und auch diese besonderen Merkmale der Waldorfpädagogik oder ihres „Lehrplans" haben einen ideellen Kern, der sich als „esoterisch" in dem hier vertretenen Sinn bezeichnen lässt.

Individuelle Freiheit als übergeordnetes Erziehungsziel der Waldorfpädagogik setzt die Fähigkeit zu unbefangenem, von persönlicher Initiative getragenem *Wahrnehmen* und einen *offenen Horizont* voraus, im Gegensatz zur theoretisch inzwischen angefochtenen, durch das Berechtigungswesen aber nach wie vor fest etablierten Curriculum-Pädagogik, die dem im voraus definierten Wissen höchste Priorität gibt. Steiner knüpft deshalb immer wieder bei *Goethe* an, dessen zunächst verborgene Erkenntnistheorie er als erster eingehend gewürdigt hat: an Goethes Forderung, die Phänomene unbefangen anzuschauen, seine Skepsis gegenüber voreiligen Theorien und Modellerklärungen, seine Sprachskepsis, seine Liebe zum konkreten Detail, seine wegweisende Forderung, im Prozess des Erkennens Analyse und Synthese, „Entzweiung" und „Vereinigung" im Gleichgewicht miteinander zu halten. Diese Grundsätze werden nicht nur gegenwärtig in der wissenschaftstheoretischen Diskussion auf überraschende Weise neu entdeckt, sie sind zugleich aufs engste verwandt mit den Erkenntnisprinzipien der „ungeschriebenen Lehre" Platons und denen der Steiner'schen Anthroposophie. Der Begriff des sinnlichen „Phänomens" oder der des historischen „Symptoms" bei Steiner entspringen nicht nur dem Weltbild Goethes, beide sind zugleich auch „esoterisch" im höchsten Sinn, und beide gehören zum Kernbestand des klassischen Waldorf-Lehrplans.

Die Offenheit des Erkenntnishorizonts in der Waldorfschule wird durch die enge Bindung der Stoff-Auswahl an die Entwicklungspsychologie (die bei Steiner immer auch Physiologie mit einschließt), durch das Prinzip der *Altersgemäßheit* gefördert. Erkenntnis bedarf, ehe sie vom zwölften Lebensjahr ab in zunehmend „wissenschaftlicher" Form gepflegt wird, der Vorbereitung in Bildern, Gleichnissen, Symbolen, „sinnigen Geschichten",[19] darüber hinaus schon im Vorschulalter der

Pflege des sinnlichen Wahrnehmens und des Bewegungslebens der Kinder. Wie die Menschheit historisch zunächst in den „symbolischen Formen" (*Ernst Cassirer*) des Ritus, des Mythos, der Religion, der Kunst „erzogen" wird, ehe sie zur Rationalität des neuzeitlichen Bewusstseins erwachen kann, so bedarf das Kind vorbereitender Übungen in eben diesen Formen des Erkennens, ehe nach dem Übergang zum Erwachsenenbewusstsein wissenschaftliche Propädeutik als solche Fuß fassen kann. Die Kinder der Waldorfschulen hören Märchen, Heiligenlegenden, Geschichten von Tieren, Pflanzen, Sternen, sie durchleben vom dritten bis zum fünften Schuljahr die großen Bilder des Alten Testaments, der germanischen und der griechischen Mythologie. Die Vielfalt der Weltbilder und Religionen wird dabei nicht als Widerspruch, sondern als letzten Endes sinnvolle und notwendige Differenzierung des einen unergründlichen Weltwesens erlebt, das uns um der *übenden Entwicklung* willen geschenkt ist. Ähnliches gilt für den Bereich der *Künste*, die bekanntlich im Waldorf-Lehrplan breit vertreten sind, und für *praktische Arbeit* jeder Art, die von den Waldorfschulen inzwischen, nachdem die entsprechenden Hinweise Steiners zunächst wenig Beachtung gefunden hatten, mehr und mehr entdeckt wird.

Grundlegend sind „esoterische" Prinzipien der gekennzeichneten Art schließlich für den *Religionsunterricht*, der in der Mehrzahl der Waldorfschulen nach wie vor zu den Pflichtfächern gehört. In allen Waldorfschulen wird, im Einvernehmen mit den Eltern, konfessioneller Religionsunterricht angeboten. Kinder aus Elternhäusern ohne konfessionelle

Bindung besuchen in den Ländern des europäischen Kulturkreises einen meist als „freier christlicher Religionsunterricht" bezeichneten Unterricht, den Lehrer der Schule aus dem Geist platonisch-anthroposophischer „Esoterik" eigenverantwortlich zu gestalten versuchen.[20] Die neu gegründeten Waldorfschulen in Israel, Ägypten und Japan gehen ganz eigene Wege. In vielen Waldorfschulen gibt es einen mehr oder weniger regelmäßigen Gedankenaustausch der Religionslehrer aller Richtungen untereinander und auch mit der gesamten Lehrerkonferenz. Viele Religionslehrer, die sich in dem ungewohnten Milieu der Waldorfschule zunächst eher fremd fühlen, merken dabei, dass der klassische Waldorf-Lehrplan mit den hier gekennzeichneten Eigenheiten für ihre Bemühung um die werdende Religiosität der Kinder eine weit bessere Voraussetzung darstellt als der weitgehend positivistisch orientierte, de facto atheistische Lehrplan der Staatsschule.

Rudolf Steiner fragt demonstrativ in seiner öffentlichen Ansprache zur Eröffnung der ersten Waldorfschule, ob der pädagogische Dienst an den Kindern nicht „als religiöser Kult im höchsten Sinne des Wortes" (womit er wohl auf die Grundbedeutung des Wortes „cultus" = „Pflege" anspielt), als „Altardienst" aufgefasst werden müsse. Mit dieser Frage, die den Ernst seines Anliegens den anwesenden Eltern und Gästen gegenüber drastisch unterstreicht, führt er eine Art Leitformel ein:

Lebendig werdende Wissenschaft
Lebendig werdende Kunst
Lebendig werdende Religion

das ist schließlich Erziehung,
das ist schließlich Unterricht.[21]

Wissenschaft, Kunst, Religion im Prozess des *Werdens*, wie die Lebensverhältnisse unserer Kinder sie heute mehr denn je notwendig machen, sind durch die Autoritäten der Tradition, durch den Staat oder die Amtskirche in ihrer heutigen Form, nicht zu haben. Sie bedürfen der Freiheit und des Rechtsinstituts der Selbstverwaltung. Zugleich aber bedürfen sie der individuellen geistigen Stärkung aus dem Quell wahrer Esoterik. Dieser Quell springt heute an ganz unerwarteten Stellen auf, keineswegs nur in der Waldorfpädagogik, die gegenwärtig vielerorts eher zur Austrocknung neigt. Dennoch bleibt die Pädagogik Rudolf Steiners ein herausragendes Beispiel unter den Versuchen einer neuen, „esoterisch" inspirierten Erziehung „aus dem Geist" (Joh. 3, 8).

2.
Wie hat Rudolf Steiner die Freie Hochschule für Geisteswissenschaft begründet?

Diese Kurzfassung eines Forschungsberichts[22] macht sichtbar, wie Steiner seine als „Guru" ausgeübte Lehrtätigkeit bei den Theosophen hinter sich ließ und Schritt für Schritt eine zeitgemäß erneuerte Esoterik schuf, die auf die Eigenverantwortung seiner Schüler baut. Kennzeichnend dabei sind sein Auftrag an die ersten Vermittler seiner „Klassenstunden", die Konstituierung des Goetheanums als Herz-Organ der Anthroposophischen Gesellschaft und das Erkenntnisschicksal seiner Mitarbeiterin Ita Wegman.

Mit dem gewagten Versuch, der anthroposophischen Bewegung für ihre Erneuerung einen esoterischen Kern zu geben, hinterließ uns Rudolf Steiner eine immer wieder neu zu lösende Aufgabe. Er vertraute dabei ganz auf Selbstständigkeit und individuelle Initiative. Zugleich entwarf er mit der Idee der *Freien Hochschule für Geisteswissenschaft* als Herz-Organ ein Leitbild für die Form des notwendigen Zusammenwirkens. Als Hilfsmittel gab er denen, die mit ihm arbeiten wollten, in den Lehrstunden der Hochschule eine Reihe von Mantren zur individuellen Meditation, mit entsprechenden Erläuterungen. Es gelang ihm noch, bis zum Herbst 1924 einen Lehrgang für die *Erste Klasse* der Schule zum Abschluss zu bringen. Aber was schwebte ihm für den weiteren Ausbau der Einrichtung vor? Er ernannte für den Fall seines Todes keinen Nachfolger. Als er starb, hatten seine Schüler selbst herauszufinden, wie sie das Begonnene weiterführen wollten. Vor der gleichen Frage stehen gegenwärtig alle, die mit Sorge beobachten, wie in anthroposophisch orientierten Institutionen seit einiger Zeit das Interesse für esoterische Arbeit abnimmt. Die ursprüngliche Kraft der anthroposophischen Bewegung, die sich unter armseligsten Umständen erfolgreich entfalten konnte, beruhte nicht zuletzt auf den strengen Regeln, mit denen Rudolf Steiner das kostbare Weisheitsgut seiner Lehrstunden schützen ließ. Seit 1992 sind die Nachschriften der Stunden samt den Mantren und den erläuternden Tafelzeichnungen aus sorgfältig erwogenen Gründen vollständig publiziert worden und im Buchhandel erhältlich, seit 2011 auch in einer preiswerten Ausgabe.[23] Die schützenden Regeln sind damit gegenstandslos geworden. Jeder Mensch hat das Recht, die Texte zu lesen und damit nach seiner Weise umzugehen. Viele, die das tun, sehen sich auf dem Wege ihrer Bemühungen vor die Frage gestellt, wie sie dabei zu einer Zusammenarbeit mit gleich gesinnten Anderen kommen können und ob es womöglich auch noch sinnvoll ist, an Rudolf Steiners Leitbild vom Herzen und seiner Rolle im Blutkreislauf zu denken.

Was in dieser Richtung geschehen könnte, wird klarer, wenn man sich vor Augen führt, auf welche Weise und mit welchen Intentionen Rudolf Steiner während seines letzten Lebensjahres am Ausbau seiner neuen Einrichtung gearbeitet hat und wie einige seiner ersten Schüler dabei mitwirkten.

Die ersten „Vermittler"

Als Rudolf Steiner im Februar 1924 in Dornach mit seinen Lehrstunden für die *Erste Klasse* begann, fragte ihn Lili Kolisko, ob sie dabei mitschreiben und ihre Nachschriften in Stuttgart zu Gehör bringen dürfe. Mit seinem Einverständnis las sie dann dort regelmäßig vor, zunächst im Kreis des Lehrerkollegiums der ersten Waldorfschule. Bei einem zweiten Durchgang durch die neunzehn Stunden erweiterte sich der Kreis, wiederum mit seiner Zustimmung, auf alle Stuttgarter Hochschulmitglieder und eine Reihe von Gästen. Die Erlaubnis für Lili Kolisko blieb aber ein singulärer Ausnahmefall. Rudolf Steiner weigerte sich entschieden, die professionellen Nachschriften von Helene Finckh, seiner Dornacher Stenografin, zum Vorlesen oder auch nur zur Orientierung an irgend jemanden weiter zu geben. „Sie existieren gar nicht", sagte er auf Nachfrage. Marie Steiner verfügte als Verwalterin seines Nachlasses über die Texte, aber auch sie wurde von ihm nicht zum Vorlesen ermächtigt, ebenso wenig wie Ita Wegman, die „Mit-Leiterin" der Hochschule, der er noch kurz vor seinem Tode die Nachschriften zukommen ließ. Marie Steiner hat, als sie sich im Frühjahr 1926 auf ihre erste Klassenstunde vorbereitete, seine Gründe dafür kurz notiert. Zusammenfassend schreibt sie: „Mache ich mir klar, was diese Worte für mich bedeuten, so komme ich zu folgendem Ergebnis: Es lag nicht in seiner Willensrichtung, dass diese Vorträge bloß vorgelesen würden."[24]

Zugleich begann Rudolf Steiner damit, eine Reihe bewährter und kompetenter Personen außerhalb von Dornach mit der Weitergabe der Hochschul-Mantren in ihrem Wirkungskreis zu beauftragen, *ohne* dass er ihnen die Nachschriften seiner einführenden und kommentierenden Vorträge zugänglich machte. Er mutete ihnen zu, aus ihrer eigenen meditativen Arbeit mit den Mantren und aus individueller Intuition herauszufinden, was in der besonderen Situation des jeweiligen Hörerkreises für die Teilnehmer förderlich war. Marie Steiner nennt mehrfach vier Personen, die er auf diese Weise beauftragt hatte, und schreibt dazu: „Diejenige Persönlichkeit, die die Mantren sprach, sollte sich erarbeiten dasjenige, was sie als Verbindendes zu diesen Sprüchen zu sagen hatte. Er wollte also eine Art selbständiger Arbeit an den Sprüchen, natürlich auf Grund des erhaltenen Weisheitsgutes. Aber vor allem das Erleben der Sprüche selbst." Ita Wegman, die gleichfalls davon wusste, notiert einige erläuternde Sätze Rudolf Steiners an den Grafen Polzer, der im September mit Klassenstunden in Wien betraut wurde: „Sie können aus dem, was Sie gehört haben, aus den Mantren, was Sie haben, aus dem können Sie eine Art Arbeit entstehen lassen mit denjenigen Leuten, die es mit Ihnen machen wollen. ... Machen Sie, was Sie machen können und wie Sie es auch wollen, aber aus dem heraus, was Sie selber wissen. Wie Sie es aus den Mantren heraus mit den verschiedenen Mitgliedern, die es machen wollen, machen können und wollen."

Sowohl Marie Steiner als auch Ita Wegman hielten eine solche Aufgabenstellung wohl für ein Provisorium der ersten Aufbauzeit. Auch dürfte ihnen nicht bewusst geworden sein, welchen Umfang die Aufträge Rudolf Steiners im Lauf des

Jahres 1924/25 angenommen hatten. Wie wir jetzt wissen, hat Rudolf Steiner mindestens zehn Personen in der hier beschriebenen Weise zur Weitergabe des mantrischen Weisheitsguts seiner esoterischen Schule ermächtigt, als ersten den am weitesten entfernt Wirkenden, Henry Monges aus den Vereinigten Staaten von Nordamerika, im Lauf des Sommers dann Adolf Arenson (Stuttgart), Helga Geelmuyden (Norwegen), Anna Gunnarsson Wager (Schweden), Johannes Leino (Finnland), Amalie Künstler (Köln), Ludwig Graf Polzer-Hoditz (in den Ländern der Donau-Monarchie), sowie Harry Collison und George Adams-Kaufmann (Großbritannien). Noch auf dem Krankenlager, wenige Wochen vor seinem Tode, beauftragte er Willem Zeylmans van Emmichoven für die Niederlande. Diese letzte Berufung wäre nicht mehr erfolgt, wenn Rudolf Steiner die Art des Auftrags an alle diese ersten „Vermittler" für provisorisch gehalten hätte.

Die von Rudolf Steiner beauftragten ersten „Vermittler" befanden sich in einer schwierigen Lage. Sie hatten Rudolf Steiners Vorträge überwiegend nur zu einem kleinen Teil gehört und mussten sich ihre Hinführung zu den unerhört gewichtigen und zugleich rätselhaften Mantren mühsam erarbeiten. Auch hatten sie es zu ertragen, dass ihre Hörer das dabei Geleistete wenig zu schätzen wussten, konnten sie doch darauf hoffen, dass sie in absehbarer Zeit, wie schon die Freunde in Stuttgart, den Original-Wortlaut würden hören dürfen. Wenige Wochen nach dem Tode Rudolf Steiners begann Ita Wegman mit ihren Lesungen in Dornach, bald darauf las sie auch an anderen Orten. Ab März 1926 folgten ihr darin Marie Steiner und Albert Steffen. Als dann ab 1929 von Dornach aus die begehrten Nachschriften auch für andere Personen freigegeben wurden, gingen die von Rudolf Steiner beauftragten Vermittler alle zum Vorlesen über. Die widersprüchlichen Empfindungen, die dabei auftraten, hat besonders deutlich Helga Geelmuyden dargestellt, die für Norwegen beauftragt worden war. In einem Brief an Marie Steiner schreibt sie: „Unendlich dankbar müssen wir sein, dass uns erlaubt ist die Texte der Klassenstunden zu erhalten, da braucht man nicht zu fürchten, dass persönliche Eigenheiten sich störend hineinmischen würden, und doch war damals die Nötigung zur persönlichen Arbeit sehr fördernd für mich." Das in diesen Worten spürbare Gefühl, etwas Wertvolles aufgegeben zu haben, wird ihr Jahre später zur Empfindung einer drückenden Schuld. „Eine Schwierigkeit", schreibt sie an Marie Steiner, „ist die, dass ich nicht die Aufgabe so erfüllt habe, wie der Lehrer es mir auferlegte: aus meiner eignen Arbeit mit dem esoterischen Inhalt die Meditationen zu vermitteln und so die Klassenarbeit lebendig entwickelt zu haben. ... Es wäre doch vielleicht richtiger und mehr fördernd — jedenfalls für den Vermittler und vielleicht überhaupt —, wenn man im Vertrauen zu den helfenden Mächten es mehr selbsttätig gehalten hätte, wie der Doktor es wünschte."

Zu Gast bei den Theosophen

Bis heute wird die *Freie Hochschule für Geisteswissenschaft*, im Gegensatz zu den Intentionen Rudolf Steiners, vielerorts als hierarchisch organisierte Institution mit autoritärem Führungsanspruch wahrgenommen. Immer wieder vergleichen Gegner der Anthroposophie die Dornacher Leitung mit dem Vatikan in Rom. Zugleich lebt in weiten Teilen der Mitgliedschaft eine tiefe Sehnsucht nach sicherer Führung durch eine kompetente Zentrale. Auch gibt es immer wieder Menschen, die das Goetheanum angreifen, weil dort nicht von oben her durchgesetzt wird, was sie sich zum Wohl der anthroposophischen Bewegung ausgedacht haben. All das hat historische Wurzeln.

Wie die neuere Forschung seit Christoph Lindenberg immer deutlicher zeigt, hat es im Leben Rudolf Steiners immer wieder dramatische Krisen gegeben. Mit manchem ist er gescheitert. Mit anderem gelangte er zu fruchtbaren neuen Perspektiven und Entwicklungsmöglichkeiten. So auch mit seinem zeitweiligen Eintauchen in das Milieu der Theosophen. Jahrelang hatte er sich, etwa mit seinem Engagement für Nietzsche und den Monismus Ernst Haeckels, in den modernsten Zeitströmungen zurechtzufinden versucht. Kontinuierlich begleiteten ihn der Freiheitsimpuls seines philosophischen Frühwerks und die innige Beziehung zum Werk Goethes. Dann fand er, im Alter von einundvierzig Jahren, in der Theosophischen Bibliothek des Grafen und der Gräfin Brockdorff in Berlin zum ersten Mal Menschen, denen gegenüber er sich rückhaltlos „esoterisch" äußern konnte. So wurde er Generalsekretär der deutschen Sektion der *Theosophischen Gesellschaft.* Bald darauf übernahm er leitende Funktionen in der *Esoterischen Schule* dieser Gesellschaft und in einer Freimaurer-Institution.[25] Beide Einrichtungen waren, einer heiligen Tradition gemäß, streng hierarchisch orientiert. Rudolf Steiner bediente sich für kurze Zeit der Formen autoritärer Führung, die er hier vorfand, weil er nur auf diese Weise eine hinreichend große Zahl von Schülern erreichen konnte, die bereit und geeignet dazu waren, sich mit der werdenden Anthroposophie zu verbinden. Aber schon vier Jahre nach seinem Amtsantritt bei den Theosophen begann er, zunächst behutsam, dann immer deutlicher, sich aus den traditionellen esoterischen Arbeitsformen herauszulösen. Bezeichnend dafür ist seine Unterscheidung dreier Formen des mystischen Strebens im August 1906, in einem Aufsatz mit dem Titel „Der Schüler und der Guru". Dort schreibt er über die unterschiedlich starke Abhängigkeit des esoterischen Schülers von seinem geistigen Lehrer „in den verschiedenen Methoden okkulter Schulung":

Sie ist die verhältnismäßig größte bei derjenigen Methode, welche von den Okkultisten des Orients befolgt wurde und von diesen auch heute noch als die ihrige gelehrt wird. In viel geringerem Maße ist diese Abhängigkeit von einem Menschen schon bei der sogenannten christlichen Einweihung vorhanden. Und eigentlich völlig in Wegfall kommt sie bei demjenigen Erkenntnispfade, der seit dem vierzehnten Jahrhundert von den sogenannten Geheimschulen der Rosenkreuzer angegeben wird. Bei diesem kann zwar nicht der Lehrer wegfallen, denn das ist unmöglich. Aber es hört wahrhaftig jede Abhängigkeit von ihm auf.[26]

Rudolf Steiner beginnt damit, den entschiedenen Individualismus seiner Freiheitsphilosophie mit moderner Esoterik zu verbinden und damit seine Schüler zu eigener Verantwortung in esoterischen Dingen anzuleiten. Mit der Herauslösung der werdenden Anthroposophie aus dem theosophischen Milieu im Jahre 1911 gewinnt dieser Impuls zum ersten Mal eine eigene soziale Form in Gestalt der *Gesellschaft für theosophische Art und Kunst*.[27] Der Geisteslehrer tritt jetzt ganz an den Rand des Geschehens. Er „interpretiert" nur noch, was die von ihm zusammengerufenen Mitarbeiter von sich aus gemeinsam tun. Das „Prinzip der Souveränität des geistigen Strebens" und die „Prinzipien des Werdens" sind jetzt maßgeblich. Der Versuch scheitert nach wenigen Tagen. Wie ein Nachklang nur noch wirkt die Tempelszene des dritten Mysteriendramas vom darauffolgenden Jahr, in welcher drei Schüler des Benediktus, die auf ganz individuelle Weise den Übungsweg zum Geist erfolgreich beschritten haben, die Amtsträger der Tradition ablösen.

Obwohl während des anschließenden Jahres die Zahl der anthroposophischen Schüler Rudolf Steiners erheblich zunahm und viele sich ihm anschlossen, denen das theosophische Milieu fremd war, hielt sich die Aura mystischer Exklusivität mit ihren Ansprüchen auf Lenkung von oben, die dort lebte, auch in der neu gegründeten Anthroposophischen Gesellschaft und in deren Tochter-Institutionen, wie den Waldorfschulen und den anthroposophisch orientierten heilpädagogischen Heimen. Noch während der Weihnachtstagung von 1923/24 weist Rudolf Steiner mit humorvollem Unterton darauf hin.[28]

Das Goetheanum als Herz-Organ

Vor dem hier dargestellten historischen Hintergrund gesehen, erweist sich die zu Weihnachten 1923 gegründete *Allgemeine Anthroposophische Gesellschaft* mit ihrem esoterischen Kern, der *Freien Hochschule für Geisteswissenschaft*, als ein bemerkenswert liberales Konzept. Rudolf Steiner als Leiter beider Einrichtungen nimmt keinerlei Weisungsbefugnis in Anspruch. An die Stelle traditioneller Führungsstrukturen setzt er die Idee partnerschaftlicher Zusammenarbeit. Als ein „freies Vertragsverhältnis" bezeichnet er seine Beziehung zu den Mitgliedern der Hochschule. Dem gemäß sieht er das Goetheanum nicht nur als Lehrstätte oder als Ort maßgeblicher Initiative, sondern vor allem als Organ der *Wahrnehmung* und des *Ausgleichs*, so wie die anthroposophisch orientierte Medizin das Herz nicht als Pumpe, sondern als Organ der Vermittlung zwischen antagonistischen Prozessen im Organismus auffasst, als Organ der *Harmonisierung*. Er beschreibt, wie diese Herzfunktion nur in einer Atmosphäre wechselseitigen *Vertrauens* gedeihen kann. An Vorschriften oder an Kontrolle durch übergeordnete Amtsträger hat er dabei nicht gedacht.

Dementsprechend achtete er beim Aufbau der Hochschule mit liebevoller Aufmerksamkeit auf Initiativen an der Peripherie der anthroposophischen Bewegung. Charakteristisch hierfür ist sein Aufsatz vom 6. April 1924. Dort schreibt er: „Diese Institution kann nicht aus abstrakten Überlegungen von ‚oben her' zustande kommen. Sie muss aus den Bedürfnissen unserer Mitgliedschaft von ‚unten her' entstehen." Wenige

Tage nach der Publikation dieses Aufsatzes im Nachrichten-blatt reist er nach Stuttgart und ermuntert in einer Versammlung prominenter Mitglieder, dem „Dreißigerkreis", behutsam, aber deutlich einen bewährten Freund, innerhalb der Hochschule, neben den Lesungen von Lili Kolisko, eine Arbeitsgruppe mit eigener Zielsetzung zu betreuen. „Zum Beispiel", sagt er dort, „vermittelt für das Lehrerkollegium der Freien Waldorfschule, mit Einschluss von einigen anderen Stuttgarter Freunden, Frau Dr. Kolisko stets die Vorträge der Klassenstunden. Eine andre Gruppe von Persönlichkeiten, die eine solche Vermittlung anstrebt, ist hier in Stuttgart in Bildung begriffen. Nicht wahr, Herr Arenson?" Der Angesprochene, bewährter Esoteriker schon in der *Esoterischen Schule* der theosophischen Zeit, stimmt ohne Umschweife zu. „Herr Arenson erhebt sich und sagt ,Ja'", verzeichnet das Protokoll. Mehr war nicht nötig. Was geschehen sollte, brauchte keine Richtlinien.

Das Erkenntnisschicksal Ita Wegmans

Im August 1923, bei der Sommertagung in Penmaenmawr (Wales), fragte Ita Wegman ihren Lehrer nach einer erneuerten Mysterien-Medizin. Diese Frage, ohne die es wohl nicht zur Begründung der Freien Hochschule gekommen wäre, führte zu einem gewichtigen und zugleich in vieler Hinsicht rätselhaften Ereignis. „Penmaenmawr Karma vollständig geoffenbart", schrieb Wegman darüber. Rudolf Steiner hat sie dort über die uralte Schicksalsbeziehung ins Bild gesetzt, in welcher er mit ihr durch eine Reihe von Verkörperungen hindurch verbunden war. Wie eine Erlösung nach langer Wartezeit muss das für ihn gewesen sein. Im Jahre 1905 hatte er die Neunundzwanzigjährige in seine esoterische Schule aufgenommen, im Jahre 1910 hatte er das exemplarische Freundespaar, auf das er in den Karma-Vorträgen des Jahres 1924 immer wieder zu sprechen kommt, in seinen Vorträgen über Okkulte Geschichte wegweisend vorgestellt. Aber die ersehnte Zusammenarbeit hatte sich bis dahin nicht ergeben. Das ändert sich jetzt. Greifbar ist für uns, seit der vierte Band der großen Biographie von Emanuel Zeylmans van Emmichoven vorliegt,[29] dass nicht nur eine enge Zusammenarbeit, sondern auch ein intensiver Schulungsprozess einsetzt, der bis zum Tode Rudolf Steiners anhält. Wollte Rudolf Steiner die Freundin darauf vorbereiten, seine Nachfolge in der Leitung der Hochschule zu übernehmen? In den Klassenstunden vom September 1924 nennt er sie betont die „Mit-Leiterin". Nach Aufzeichnungen Albert Steffens fühlte sie sich dann aber schuldig an seinem Tod, weil sie „unfähig gewesen sei zum Aufstieg".[30] Auch wenn man dies Eingeständnis anzweifeln möchte, wofür es Gründe gibt: Rudolf Steiner hat die in den „Statuten" der Weihnachtstagung vorgesehene Möglichkeit, einen Nachfolger zu ernennen, nicht realisiert.

Ita Wegman fand sich nach seinem Tode in einer zwiespältigen Lage, die ihr nicht sogleich bewusst wurde. Aus heutiger Perspektive gesehen hätte sie sich in den kritischen Tagen nach dem Tode des Geisteslehrers mit den übrigen Mitgliedern des Gründungsvorstands um eine von allen gemeinsam getragene Lösung der Leitungsfrage und anderer drängender Probleme bemühen können. Sie war aber tief erfüllt von der Gewissheit ihres Verbundenseins mit Rudolf Steiner, von dem sie glaubte, dass er zusammen mit ihr als „Vorsitzender" im Kreis des „esoterischen" Vorstands die Geschicke der anthroposophischen Bewegung weiterhin lenke. „Es hat sich ja nichts geändert", sagte sie noch im Oktober 1925 zu Martin Münch, der sie mit kritischem Unterton nach ihrer Auffassung der Dinge gefragt hatte. Unter dem Eindruck der intimen Mitteilungen von Penmaenmawr und alles dessen, was sich daran angeschlossen hatte, identifizierte sie sich mit der Person des Sonnenhelden Alexander von Makedonien, wie der Geisteslehrer ihn in den Karma-Vorträgen des vorangegangenen Sommers geschildert hatte. Sie übersah dabei völlig die Empfindungen und Intentionen ihrer Vorstandskollegen, vor allem die von Marie Steiner und Albert Steffen. Auch war ihr wohl nicht klar, wie strikt Rudolf Steiner davor gewarnt hatte, sich für ein Wirken in der Gegenwart auf die Verdienste eines früheren Lebens zu berufen. „Ein wichtiger Grundsatz in der okkulten Entwickelung", sagte er schon im Jahre 1912, „ist der, sich keinen anderen Wert beizumessen als denjenigen, der da kommt aus den Leistungen in der physischen Welt innerhalb der gegenwärtigen Inkarnation."[31] Unverhohlen appelliert Wegman in ihren Briefen „An die Mitglieder!", die sie vom Mai 1925 ab im Nachrichtenblatt erscheinen lässt, an die Begeisterungskraft ihrer jüngeren Mitarbeiter, von denen sie einige wenige, vor allem Walter Johannes Stein und Eugen Kolisko, diskret ins Vertrauen gezogen hatte. Einer von diesen, der Heilpädagoge Werner Pache, äußert sich später in Tagebuchnotizen über die „Fehler in der Gesellschaftsgeschichte, soweit sie bei ihr und uns lagen", Fehler, die in „einem unberechtigten Durchdrücken des Alexander-Wesen und Geistes lagen".

Emanuel Zeylmans van Emmichoven vertritt in seiner verdienstvollen Wegman-Biographie die Auffassung, dass der Gesellschaftsskandal des Winters 1925/26, durch den sich eine fatale Diskussion über Wegmans vermeintliche Ansprüche mit Windeseile in der gesamten anthroposophischen Bewegung verbreitete, ausschließlich auf Intrigen Marie Steiners und ihrer Anhänger zurückzuführen sei. Diese Ansicht lässt sich nicht halten. Der Alexander-Gestus des Jahres 1925, der noch längere Zeit weiter wirkte, befeuert von höchsten Idealen und edelstem Wollen, führte nicht nur durch hasserfüllte Gegnerschaft, sondern aus sich selbst heraus zu einem tragischen Scheitern, mit gravierenden Folgen.

Nach jahrelangen Kämpfen wird Ita Wegman vom März bis zum Mai 1934 von einer lebensgefährlichen Krankheit in Anspruch genommen. Ein übersinnliches Erlebnis hilft ihr, ihre irdischen Aufgaben mit neuer Kraft in Angriff zu nehmen. Sie tut das aber jetzt in völlig veränderter Weise. Symptomatisch hierfür ist eine Tagebuchnotiz Werner Paches vom 27. Januar 1935, die darauf hindeutet, dass sie jetzt — nach längerer Pause — wieder Klassenstunden halten will, aber anders als bisher:

Dr. Wegman hat uns zusammengerufen, Deventer, Bockholt, Bort, Kaelin und Frau, Pracht, Eugster, Russ, Marti, Pache. Über den Geistverein und die Weihnachtstagung, dieses ganz getreu leben.

Sie selbst wolle dies. Endlicher Entschluss wieder die Klassen Stunden
zu geben, aber in freier Form. Anfang damit gemacht.

Möglicherweise blieb es bei dieser ersten Zusammenkunft des
bewusst ausgewählten Kreises engerer Mitarbeiter, weil Wegman spürte, dass die Situation für ihr Vorhaben noch nicht reif
war. Sie hielt, soweit wir wissen, ihre Stunden auch weiterhin
in der Form einer feierlichen Lesung. Aber in Paches Notiz
erscheint ein neues Leitwort, das anschließend in Wegmans
Korrespondenz immer wieder auffallend hervortritt. Sie übernahm es vermutlich aus Mantren Rudolf Steiners, die sie kann-
te: das Wort Geist-Verein. Seine tiefe Bedeutung enthüllt sich
besonders in Wegmans erschütterndem Brief an Maria Röschl
vom 22. Februar 1935. Darin schreibt sie, vier Wochen nach der
Zusammenkunft mit dem von Pache notierten Kreis:

> *Alle alten Formen, auch die allerletzte Form für die Anth-*
> *roposophie, sind gründlich kaputt gemacht, und mir kommt es jetzt*
> *so vor, als ob man nicht mehr eine Form für das Leben der Anthropo-*
> *sophie zu suchen hat, sondern dass jeder Mensch selber die Form ist,*
> *mit der sich Anthroposophie vereinen will. Wo dieses geschehen ist,*
> *werden Menschen sich finden und sich vereinen, um ein Glied zu wer-*
> *den des wahren Geistvereins. Die Gesellschaft ist nicht mehr nötig,*
> *weil die Anthroposophie schon auf Erden ist. Auf den einzelnen Men-*
> *schen kommt es jetzt an und die müssen dann zusammen bilden aus*
> *ihrer Entwickelung heraus einen höheren Verein, der seine Wurzeln*
> *hat in der geistigen Welt. Jede individualistische Entwickelung ist*
> *hiermit bewahrt, jede Freiheit des einzelnen Menschen und aus der*

Einsicht des einzelnen Menschen heraus fühlt er sich mit diesem
Geistverein oder der Michaelschule verbunden. So hat es mir in mei-
nem Innern geklungen. Auf mein eigenes Darinnenstehen in diesem
Impuls, darauf kommt es an. Das andere richtet sich von selbst.

Neben den Hinweisen auf die Idee des Geistvereins finden
sich in den Briefen Wegmans immer wieder Bemerkungen
über die Notwendigkeit einer veränderten Vorgehensweise
bei den Klassenstunden. So im Januar 1935: „Das, was als
I. Klasse gegeben war und jetzt in den Händen von vielen ist,
ist noch lange nicht erschöpft, muss aber anders behandelt
werden, als sie bis jetzt behandelt worden ist." Im Juni 1935:
„Das Bewusstsein für diesen in der geistigen Welt sich befin-
denden Geistverein will ich bei den Menschen wieder erwecken. Deshalb muss diese Schule anders geführt werden als
früher." Noch deutlicher dann im Winter 1940/41: „Alles
Wiederholen in dem gleichen Schritt ohne eine schwungvolle
Weiterentwicklung hat oft eine lähmende Wirkung." Ein paar
Wochen später:

> *Glauben Sie wirklich, dass es so unbedingt nötig ist, dass*
> *wieder Klassenstunden gegeben werden? Mir kommt das so veraltet*
> *vor, wenn nichts Neues in den Menschen entstanden ist. Die Klasse*
> *muss neu auferstehen, in einer anderen Art von Menschen empfangen*
> *werden. ... Ich möchte so gerne etwas Neues bringen, es lebt in mir,*
> *aber es ist so schwierig, wenn man nur hört, die Klasse haben zu wol-*
> *len in der alten Art.*

„Die Klasse muss neu auferstehen": Offensichtlich gelangt Ita Wegman jetzt zu der Empfindung, dass alles, was sie in den Jahren nach dem Hingang Rudolf Steiners enthusiastisch vertreten hat, einem Todesprozess ausgesetzt war, dass der Mysterienstrom, den sie fortsetzen wollte, unterbrochen worden und ein völliger Neuanfang aus der Kraft des Ich eines jeden Mitarbeiters notwendig geworden ist. Zu dieser Empfindung mag ein weiterer Schicksalseingriff beigetragen haben, dem sie fast auf den Tag genau beim Ausbruch des Zweiten Weltkriegs ausgesetzt war. Sie erlitt einen Armbruch. Auch zu diesem Ereignis findet sich eine bemerkenswerte Tagebuchnotiz Werner Paches, der über Wegmans Ansprache bei der darauffolgenden Sylvesterfeier schreibt:

> *Erschütternder Eindruck, wie Frau Dr. Wegman von dem spricht was, wie man gerade jetzt deutlich sehen kann, sie selbst weit über Alexander hinausträgt. ... Die absolute Hingabe (absolut und ausschließlich) an das Studium des Christus-Wesens scheint ihr eindeutiger, heiliger Entschluss zu sein.*

Pache sieht darin eine deutliche Entwicklung:

> *1934 Ostern bis Michaeli war die Krankheit, diese hat ihr die Wendung ermöglicht; 1939/40 war nun der Unfall, der hat offenbar ihren Körper lichter und durchlässiger gemacht. Sie stößt nun durch.*

Ita Wegman hat jetzt nicht viel mehr als drei Jahre zu leben. Die letzte einprägsame Vorstellung, zu der sie — so weit wir wissen — gelangt, berührt das zentrale Motiv des Vortrags, den Rudolf Steiner am Abend vor dem Brand des Goetheanums gehalten hat, das Motiv des von unten nach oben aufsteigenden Opfers. Sie notiert für ihre Ansprache zum Todestag Rudolf Steiners am 30. März 1941:

> *Aber etwas muss klar eingesehen werden: dass dasjenige, was einmal als geistige Substanz gegeben worden war, in eine Opferschale umgewandelt sein muss, bevor neue Offenbarungen entstehen können. Wenn Gruppen von Menschen es fertigbringen können, das Geistesgut Rudolf Steiners so in sich aufzunehmen und zu verarbeiten, dass eine Opferschale sich bilden kann, dann ist der Moment gekommen, dass Hilfe aus geistigen Welten kommen wird. Das kann bald sein, das kann noch lange dauern, wir haben es selber in der Hand.*

Zusammenfassung und Ausblick

Rudolf Steiner hat für die Ausbreitung der Offenbarungen, die ihm mit den Mantren der Hochschule geschenkt worden sind, und für die Arbeit damit *zwei Traditionsströme* inauguriert: den einen durch die Erlaubnis für Lili Kolisko, den andern durch seinen Auftrag an die zehn anderen Vermittler. Den einen Strom hat er *zugelassen*, den anderen Strom hat er *von sich aus in die Wege geleitet*. Nach Rudolf Steiners Tod hat sich der erste Strom sehr schnell allgemein durchgesetzt, besonders gefördert durch den mächtigen Alexander-Impuls Ita Wegmans. Der zweite Strom ist erst nach 1945, in sehr anfänglicher Form, wieder in Gang gekommen. Gefördert wurde er besonders durch Jörgen Smit, der sich nach seiner Berufung in den Vorstand der Anthroposophischen Gesellschaft im Jahre 1975 für frei gehaltene Klassenstunden einsetzte und Versuche mit begleitenden Gesprächsgruppen fördernd begleitete, und durch Heinz Zimmermann, dessen rückhaltlose Lagebeschreibung von 2007 weiterhin wegweisend bleibt.[32]

Eine abschließende Bemerkung sei erlaubt. Das Umfeld aller esoterischen Arbeit in der anthroposophischen Bewegung hat sich seit Rudolf Steiners Zeiten stark verändert. Überall wird von Esoterik geredet. Welcher Ernst und welches Gewicht einst mit diesem Wort verbunden waren, ist in Vergessenheit geraten. Zugleich wird das seelische Leben der Gegenwart in den faszinierenden Raum der modernen Medienkultur gezogen. Über alles und jedes kann öffentlich geredet werden. Ist es unter diesen Rahmenbedingungen überhaupt noch möglich, geschützte Räume für esoterische Arbeit zu schaffen? Können wir endlich wieder — um ein Wort Rudolf Steiners aufzugreifen — „das Wahre *behüten*"? In den Karma-Vorträgen des Sommers 1924 sprach Rudolf Steiner über den Ursprung und die Wirkungsweise der *Druckkunst*. Die Druckkunst und all die technischen Hilfsmittel öffentlicher Meinungsbildung, mit denen heute die Welt regiert wird, sind demnach für ein aufgeklärtes Bewusstsein unentbehrlich, gefährden aber zugleich jedes Wirken aus dem Geist. Was Steiner dazu sagte, gilt heute, im Zeitalter des *world wide web*, mehr denn je. Wer Anthroposophie in der Welt vertreten und ausbreiten will, muss sich dieser Hilfsmittel bedienen, muss sie gleichsam

„adeln". Aber der regierende Zeitgeist — so Rudolf Steiner — ermahnt uns: „Das Wichtigste von Mund zu Ohr!"[33] Das gilt keineswegs nur für die Vermittlung der Klassen-Texte. Wer im Sinne Rudolf Steiners zusammen mit anderen esoterisch arbeiten will, wird sich klar zu machen haben, dass sein Wort, sobald es in den Druck oder in die Medien geht, nicht mehr esoterisch bleibt, auch wenn er von den heiligsten Dingen redet. Selbstverständlich müssen wir anthroposophische Ideen in der Öffentlichkeit wirksam vertreten, mit anthroposophischen Begriffen in die wissenschaftliche Diskussion eingreifen. Das geht nicht ohne die modernen Medien. Dort hat es aber immer nur *vorbereitenden* oder *absichernden* Charakter.

Was sich im esoterischen Raum ereignet, lässt sich nicht festhalten. Es folgt, wie der „Versuch" von 1911, den „Prinzipien des Werdens".[34] Nur die Gegenmächte streben dauerhafte Zustände an. Was sich auf dem Christusweg zum Geist ereignet, entsteht und vergeht wieder.[35] Es ist so beweglich und wandelbar wie das Wirken der hierarchischen Wesen in Menschenseelen. Ita Wegman konnte deshalb zu keiner endgültig „richtigen" Lösung für die Gestaltung ihrer esoterischen Arbeit kommen. Im Bild der Opferschale, mit dem sie das Geschehen der Brandnacht in Erinnerung ruft, weist sie uns einen Weg.

3.
Das Leitbild vom „esoterischen Vorstand"

Der folgende Abschnitt aus dem oben genannten Forschungsbericht behandelt das Problem einer eventuellen Nachfolge Rudolf Steiners, die damit verknüpften Versäumnisse und Kontroversen und ihre Nachwirkungen.

Mit dem frühen und völlig unerwarteten Tode Rudolf Steiners am 30. März 1925 änderte sich die Situation der noch im Aufbau befindlichen Freien Hochschule für Geisteswissenschaft schlagartig in dramatischer Weise. Die „Statuten" sahen vor, dass Rudolf Steiner seinen „eventuellen Nachfolger" zu ernennen habe (§ 7). Dies war nicht geschehen. Der verwaiste Gründungsvorstand fand sich ganz auf sein eigenes Urteil zurückgeworfen. Insbesondere hatte er zu klären, wie die bis dahin nahezu ausschließlich an die Entscheidungen Rudolf Steiners gebundene Leitung der Hochschule weiter gehandhabt werden sollte, neben den ganz anders gelagerten Führungs- und Entscheidungsstrukturen der Anthroposophischen Gesellschaft. Ob jetzt, ohne den gewohnten Rat Rudolf Steiners, klare und praktikable Lösungen für die Leitungsfrage gefunden werden konnten, hing vor allem davon ab, wie im Kreis des Vorstands beziehungsweise des Hochschulkollegiums in einem besonnenen Verständigungsprozess einmütige Beschlüsse zustande kommen würden. Rudolf Steiner hatte bei der Weihnachtstagung die jetzt vor dieser unerwarteten Aufgabe stehenden Persönlichkeiten aus weit auseinanderliegenden Schicksals- und Tätigkeitsbereichen zusammengeführt. Kaum mehr als ein Jahr hatten sie Gelegenheit gehabt, sich näher kennenzulernen und ihre Kooperationsfähigkeit miteinander zu erproben. Würden sie jetzt schon ohne den großen Lehrer und Helfer miteinander zurechtkommen und eine gemeinsame Führungskompetenz entfalten können?

Von der „Peripherie" her kam den verbliebenen fünf Vorstandsmitgliedern der Anthroposophischen Gesellschaft zunächst einhellige Sympathie entgegen. Überall hoffte man zuversichtlich, dass die mit der Weihnachtstagung 1923/24 eingeleiteten Entwicklungsprozesse durch die von Rudolf Steiner erwählten, kompetenten Persönlichkeiten zielbewusst weitergeführt werden könnten. Hiermit war jedoch, worauf nur die wenigsten aufmerksam wurden, eine zunächst nicht weiter reflektierte Erwartung verbunden, die im Krisenfall alle Beteiligten unter einen verhängnisvollen Druck setzten musste. Rudolf Steiner hatte den neuen Vorstand während seines letzten Arbeitsjahres immer wieder als „esoterisch" bezeichnet. Durch seine Mitwirkung war das unmittelbare Einströmen von Rat und Hilfe aus der Geistwelt, auf das mit dieser Kennzeichnung hingewiesen wurde, gemeinsam erfahrene Realität gewesen. Seine durch sein Lebenswerk ebenso wie durch seine Person und die Art seines Wirkens gerechtfertigte Autorität verlieh seinen Entscheidungen eine alle Widersprüche des Lebens versöhnende, beruhigende Sicherheit. Viele der Mitglieder, wohl die überwiegende Mehrheit, erwarteten nun, dass der von Rudolf Steiner eingesetzte Vorstand auch weiterhin „esoterisch" sei: aus der Geistwelt geführt, nicht konventionell vereinsmäßig wirkend, sondern aus „echter, wahrer Esoterik", wie sie in der Hochschule gepflegt worden war, von lebendigen persönlichen Beziehungen zu den Mitgliedern in aller Welt getragen, und vor allem einmütig handelnd im Sinne des Zusammenklingens der Herzen, von dem auf der Weihnachtstagung so eindringlich die Rede gewesen war. Nur von einem in diesem Sinne tätigen Gremium war die Führungskraft zu erhoffen, auf welche die anthroposophische Bewegung gerade jetzt so dringend angewiesen war. Zweifel am „esoterischen" Charakter des Vorstands konnten deshalb nur allzu leicht als existenzgefährdend erlebt werden. Das Bild vom „esoterischen Vorstand" erschien als unantastbar. Was aber würde geschehen, wenn dieser Vorstand nicht ohne weiteres einmütig würde handeln können? Wenn er Meinungsverschiedenheiten zu bewältigen hätte? Würde dann nicht die Auffassung, dass der Vorstand weiterhin „esoterisch" sei, zur nicht mehr begründbaren bloßen Behauptung oder gar zum Dogma werden? Alle durften darauf hoffen, dass der Vorstand, zumindest zeitweilig oder in glücklichen Momenten, aus der geistigen Welt inspiriert sein würde. Aber war aus dieser Hoffnung ein dauerhaft gültiger Anspruch auf Autorität herzuleiten?

Bei den diesbezüglichen Auseinandersetzungen nach dem Tode Rudolf Steiners machen sich im Wesentlichen drei unterschiedliche Auffassungen bemerkbar. Die eine nimmt an, dass die Aussagen Rudolf Steiners weiterhin gelten und dass die von ihm in den Vorstand berufenen Persönlichkeiten auch ohne seine irdische Mitwirkung im Sinne einer „spirituellen Sukzession" ein „esoterisches" Gremium bilden. Getragen wird diese Ansicht von traditionellen Empfindungen, wie sie etwa mit der — im religiösen Zusammenhang auch durchaus von Rudolf Steiner respektierten — Weitergabe der Priesterweihe im Sinne einer „apostolischen Sukzession" verbunden sind. Die zweite Auffassung gründet in der Überzeugung, dass Rudolf Steiner den von ihm eingesetzten Kreis auch nach seinem Übergang über die Schwelle des Todes weiterhin impulsiere und leite. Die Dritte verlangt eine grundlegende Neuorientierung angesichts der völlig veränderten Umstände. Sie schließt eine weitere Wirksamkeit des großen Lehrers aus der Geistwelt nicht aus, lehnt es aber ab, daraus einen Anspruch herzuleiten.

Emil Leinhas, einer der langjährigen und engagiertesten Mitarbeiter Rudolf Steiners, hat das Problem, als es in eine erste offene Kontroverse eingemündet war, mit einfachen Worten auf den Punkt gebracht. „Den Satz", schreibt er, „dass Rudolf Steiner durch den Dornacher Vorstand wirkt, erkenne ich, weil er ein Glaubenssatz ist, nicht an. (Und den Satz, dass Dr. Steiner die Möglichkeit hat, durch den Gesamtvorstand zu wirken, unterschreibe ich ebenso wenig, wie ich den Satz unterschreiben würde, dass die Möglichkeit besteht, dass es übermorgen regnet.) Ob und wie und durch wen Rudolf Steiner wirkt, darüber kann es nur eines geben: tiefes Schweigen."[36] So aber dachten nur wenige. Und damit war das mit dem Tode Rudolf Steiners gegebene Problem, ob der Vorstand — und damit auch, wie die Dinge lagen, die Leitung der Hochschule — weiterhin als „esoterisch" betrachtet werden könne, durch einen verborgenen Erwartungsdruck dem offenen, besonnenen Gespräch, das jetzt fällig war, entzogen.

Im Nachrichtenblatt erscheint eine provisorische Erklärung, dass der Vorstand es als seine Pflicht betrachte, „in seinen Funktionen zu bleiben und im Geiste Rudolf Steiners, den er fortdauernd als Führer in seiner Mitte weiß, weiter zu arbeiten".[37] Über die Weiterführung der Hochschule wird darin lediglich mitgeteilt, dass Aufnahmegesuche für die Erste Klasse „an die Schriftführerin, Frau Dr. I. Wegman", zu richten seien. Es ist bisher nicht bekannt geworden, ob im Kreise des Vorstands beziehungsweise des Hochschulkollegiums sonst noch eingehender im Sinne eines Suchens nach gemeinsam verantworteten Lösungen beraten worden ist. Die vorliegenden Zeugnisse deuten eher auf das Gegenteil.

So wird die weitere Entwicklung während des Jahres nach dem Tode Rudolf Steiners zunächst von spontanen Entschlüssen und Taten vorangetrieben, die nur allzu schnell in Missstimmungen und Zerwürfnisse hineingeraten. Das noch bis in die dreißiger Jahre (und stellenweise darüber hinaus) geläufige Reden vom „esoterischen" Vorstand wird nach kurzer Zeit zur leeren Fiktion.[38] Albert Steffen und Guenther Wachsmuth, die beide im Jahre 1963 starben, konnten sich bis zu ihrem Tod von dieser nicht befreien. Rudolf Grosse hielt noch 1970 mit seinen ausgedehnten Erwägungen über die Nachfolge Rudolf Steiners und dessen fortbestehende Verbundenheit mit Dornach und der Anthroposophischen Gesellschaft an diesbezüglichen Vorstellungen fest. Erst im Lauf der neunziger Jahre distanzierte sich die Hochschulleitung davon in aller Form. Angesichts der Schäden, die das Leitbild vom „esoterischen Vorstand", das schon unmittelbar nach dem Tode Rudolf Steiners der Wirklichkeit nicht mehr entsprach, in der Geschichte der Anthroposophischen Gesellschaft angerichtet oder doch zumindest drastisch verstärkt hat, sollten wir an dieser weisen Verabschiedung einer längst überholten Idee festhalten. Der Versuch, sie von neuem zu aktivieren, um eine bewundernswerte Persönlichkeit postum zu ehren, verdient Respekt. Als ein Schritt in Richtung auf eine künftige Praxis anthroposophisch legitimierter Heiligsprechung muss er als verfehlt gelten.

4.
Reden über Karma[39]

Dieser Beitrag behandelt die Gegenwartsfrage eines produktiven esoterischen Umgangs mit den Schicksals-Offenbarungen Rudolf Steiners, verbreitete Entgleisungen und wegweisende methodische Hinweise.

Die anthroposophische Bewegung ist beim Nachdenken, Reden und Schreiben über Karma-Hinweise Rudolf Steiners seit einiger Zeit in Gewohnheiten hineingeraten, die zur Besinnung Anlass geben. Ich erlaube mir, im Rückblick auf eine Reihe von Jahren des Umgangs mit solchen Hinweisen die gegenwärtige Situation und ihre Genese mit einigen persönlichen Erlebnissen zu illustrieren. Vor nun schon mehr als einem halben Jahrhundert versammelten sich im neuen Rudolf-Steiner-Haus an der Uhlandshöhe in Stuttgart Mitglieder der anthroposophischen Studentengruppe an der Universität Tübingen und eine Reihe von Seminaristen des Stuttgarter Priesterseminars der Christengemeinschaft, ein Kreis von etwa zwanzig jungen Leuten, eingeladen von Emil Bock, der damals dort im Zweig seine gewichtigen Vorträge über das Leben Rudolf Steiners hielt. Dieser allseits hoch verehrte, als Theologe wie als Historiker geschätzte bedeutende Anthroposoph, schon weißhaarig, eine Luther-Gestalt, sprach zu uns über das von ihm aus der Kombination dreier Vortragsstellen erschlossene heilige

Geheimnis vergangener Inkarnationen des Begründers der Anthroposophie, auf das er dann in seinen „Rudolf-Steiner-Studien" von 1961 in taktvoll verhüllter Weise aufmerksam machte. Äußerste Diskretion legte er uns dabei ans Herz. Wir waren tief beeindruckt. Ich habe später als Lehrer für Geschichte an einer Waldorfschule immer wieder dankbar auf diese Feierstunde zurückgeschaut. Sie war wegweisend für mein Verständnis der Bewusstseinsentwicklung der Menschheit und für mein persönliches Verhältnis dazu.

Jahre später besuchte ich eine öffentliche Tagung der Anthroposophischen Gesellschaft in Köln-Deutz. Neugierig ging ich durch die Eingangstür der Messehalle, in welcher sich schon das Publikum drängte, stieß gleich dahinter auf eine Buchauslage, griff zu und las in dem Bändchen, das mir da in die Hand geraten war, Marie Steiner sei in frühchristlicher Zeit im ägyptischen Alexandria in Gestalt der Philosophin Hypatia scheußlich ermordet worden. Betroffen fragte ich mich, wie ich wohl auf diese Information reagiert hätte, wenn ich nicht seit Jahren Anthroposoph gewesen wäre.

Nach weiteren Jahren, im Herbst 2006, erschien im Nachrichtenmagazin „Der Spiegel" ein spöttischer Artikel gegen Ton Baars, der damals in Kassel-Witzenhausen den weltweit einzigen Lehrstuhl für biologisch-dynamische Landwirtschaft innehatte. Über Rudolf Steiner war da der bemerkenswerte Satz zu lesen: „Auch dass sich der Chefanthroposoph für die Reinkarnation von Aristoteles hielt — nicht ohne Zwischenstation als Thomas von Aquin gemacht zu haben — macht ihn nicht glaubwürdiger."[40] Ich erschrak. Musste jetzt nicht in der

Medienwelt ein Sturm der Häme oder doch der Entrüstung losbrechen? Es tröstete mich wenig, dass dieser Sturm — einstweilen noch — ausblieb, vermutlich deshalb, weil außer einigen Theologen niemand mehr weiß, wer Aristoteles und Thomas gewesen sind.

Schockierende Entgleisungen

Am schmerzlichsten aber traf mich eine symptomatische Entgleisung in einer traditionsreichen anthroposophischen Zeitschrift, also im Lebensraum der Schüler Rudolf Steiners selbst. In eine liebenswürdige Rezension eines liebenswürdigen Buches, das den in Rede stehenden Tatbestand vorsichtig berührt, aber nicht direkt beschädigt hatte, fügte da die Redaktion einen flotten Zwischentitel ein: „Alexanders Rückkehr".[41] Gemeint war das Wiedererscheinen einer mit dem Begründer der Anthroposophie karmisch eng verbundenen Individualität in der Gestalt seiner ärztlichen Freundin Ita Wegman. „Alexanders Rückkehr" – so als sei da jemand mal eben aus der Sommerfrische nach Hause gekommen und man könne ihm freundschaftlich auf die Schulter klopfen. – Dies Lese-Erlebnis war für mich der auslösende Anlass für die vorliegende Betrachtung.

Offenbar hat sich da unter uns die Vorstellung ausgebreitet, man könne über Ergebnisse der Karma-Forschung Rudolf Steiners ebenso nüchtern und selbstverständlich verfügen wie über Forschungsergebnisse der modernen Naturwissenschaft. Letztere sind eindeutig gesichert und können überallhin weitergereicht werden. Und niemand wird etwas dagegen haben, wenn das auch in für Laien zugänglicher, vereinfachter Form geschieht. „Die Wissenschaft hat festgestellt ...", sagt man dann, und alle sind zufrieden.[42]

Dementsprechend wird dann auch etwas später in der gleichen Zeitschrift, nicht ganz so öffentlich, nur „für Mitglieder", aber im Habitus genauso fröhlich direkt, noch Genaueres mitgeteilt. Wiederum in einer Rezension ist da die Rede von Guenther Wachsmuths Drama „Erzengel im Konzil", und dann heißt es: „Wachsmuth gibt in dem Stück ein lebendiges Verhältnis für die karmische Verknüpfung der Hauptpersonen des Urvorstandes: Rudolf Steiner (früher Thomas von Aquino und Aristoteles), Marie Steiner (früher Albertus Magnus und Hypatia), Ita Wegman (früher Reginald von Piperno und Alexander). Alle drei kommen als handelnde Personen im Drama vor. Im Hintergrund wirkt Wachsmuth als Friedrich II. Albert Steffen ist als Giotto di Bondone mit den Menschen im Umkreis in Verbindung."[43] Ich habe Verständnis dafür, dass die Redaktion einer Zeitschrift, die sich in einer veränderten Welt zeitgemäß behaupten und zur Geltung bringen will, auch wenn sie an anderer Stelle der Schreibkunst eines Albert Steffen nachstrebt, gelegentlich verbal entgleist und dabei in die Ausdrucksformen modischer Power-Point-Präsentation verfällt. Dass sie sich mit solchen Attitüden über die Karma-Hinweise Rudolf Steiners hermacht, ist unerträglich.

Die grundlegende methodische Bemerkung von 1910

Nun können sicher Karma-Hinweise Rudolf Steiners zu Anregungen für wertvolle kulturgeschichtliche Forschungen werden. Dies wären produktive Seitenwege anthroposophischer Karma-Forschung, denen hier nicht weiter nachzugehen ist. Mir geht es hier um die ursprünglichen Intentionen Rudolf Steiners in solchen Dingen. Worauf es ihm selbst bei seinen Schicksalshinweisen besonders ankam, zeigt sich zuerst in den Vorträgen über „Okkulte Geschichte", die Ende 1910 anlässlich der Einweihung des Zweighauses in der Landhausstraße 70 in Stuttgart gehalten worden sind. Hier wird einleitend hervorgehoben, dass es nicht um die Vermittlung neutraler Forschungsergebnisse gehe, sondern um die Wirkung des Erforschten auf die Zuhörer. „Nicht Dogmen, nicht Lehrsätze, nicht ein bloßes Wissen nehmen wir auf, sondern durch unsere Erkenntnisse werden wir andere Menschen." Und sogleich erweitert sich das Gesagte ins Grundsätzlich-Methodische: „In gewisser Beziehung gehört zu solchen Partien geistiger Wissenschaft wie diejenigen, die wir jetzt betrachten werden, Seelenverständnis, nicht intellektuelles Verständnis, Seelenverständnis, das vielleicht an gar manchen Stellen auch geneigt sein muss, Andeutungen anzuhören und hinzunehmen, die grob, brutal werden würden, wenn man sie in allzu scharfe Konturen hineinpressen wollte."[44] Im Folgenden wird dann von dem „Schattenbild" eines geistigen Ereignisses weit zurückliegender Zeiten gesprochen, als welches sich die Inkarnation des paradigmatischen Freundespaars der großen Vorträge des Sommers 1924, von dem schon hier, im Jahre 1910, die Rede ist, im Griechenland des vierten vorchristlichen Jahrhunderts vollzogen hat; im dritten Vortrag wird am Beispiel der Jungfrau von Orleans angedeutet, wie wir heute, zu Beginn des Zeitalters der Bewusstseinsseele, Geistiges noch nicht in seiner wahren Gestalt, sondern wie eingehüllt in „Schleier" erleben;[45] im fünften Vortrag, der auf den Zusammenhang von Julian Apostata und Tycho Brahe eingeht, wird strenge Diskretion eingefordert. Solche Dinge werden nicht gesagt, „damit sie morgen von allen Dächern gepfiffen und an allen Speise- und Kaffeetischen besprochen werden".[46] Vor allem aber ist zu beachten, dass schon bei diesen frühen Vorträgen über das sensible Karma-Thema jemand im Saal sitzt, von dessen persönlichem Schicksal gesprochen wird: Marie von Sivers. Wir wissen nicht, ob ihr damals bewusst war, dass mit Rudolf Steiners hier gegebenen Hinweisen auf zwei bestimmte historische Gestalten ihre eigene Individualität angesprochen war. Es ist nicht unwahrscheinlich.

„Seelenverständnis", „Andeutungen" ohne „allzu scharfe Konturen", „Schleier", ein „Schattenbild": Formen des Verstehens werden hier angedeutet und eingefordert, die etwas völlig anderes sind als die robusten „Forschungsergebnisse", mit denen anthroposophisch orientierte Sachkenner heute ihre Kompilationen untermauern, wobei sie in problematischer Weise verfestigen, was gleichsam frei schwebend, ähnlich wie die Begriffsbilder oder Bildbegriffe der faszinierenden Tafelzeichnungen Rudolf Steiners, in stillem Weitersinnen, im Ahnen und Spüren auf uns einwirken soll, damit wir „andere

Menschen" werden. Mit den erkenntnispsychologischen Begriffen des Buches „Von Seelenrätseln", das in wissenschaftstheoretischer Hinsicht hierfür ein sicheres Fundament anbietet, lässt sich die hier geforderte sensible Art des Verstehens vielleicht am besten als ein „besonnenes Erleben mit Grenzvorstellungen" charakterisieren, als Schwellenerlebnis beim Übergang vom gewöhnlichen Tagesbewusstsein zur „Imagination".[47] Ein geeignetes Medium für dieses „Erleben", soweit es sich nicht in einsamer Meditation vollzieht, ist das freie Gespräch im Schutz bewusst hergestellter „esoterischer Räume".[48]

Berichte aus dem Umkreis Steiners

Im Umkreis Rudolf Steiners war der sensible Umgang mit solchen geschützten Räumen etwas ganz Natürliches. Soweit wir wissen, hat der Geisteslehrer nie explizit zu mehr als einem Menschen von sich selbst als einer reinkarnierten Individualität gesprochen. In seltenen Fällen hat er ältere Freunde in einem feierlichen Moment mit behutsamen Andeutungen über eine ihrer früheren Verkörperungen beschenkt.[49] Als Marie von Sivers schon im ersten Jahr ihrer Zusammenarbeit mit ihm bei der Lektüre eines Buches von Annie Besant ein Erleuchtungserlebnis hat, in welchem ihr ein diesbezüglicher Zusammenhang aufgeht — „Es hat zu mir gesprochen und es war so blendend, dass ich sogar die Hand vor die Augen halten musste" —, spricht sie darüber zu ihm, aber dabei bleibt es. Einige Jahre später schreibt sie in einem Brief an Edouard Schuré, ihren vertrauten Freund: „Was ich so intim erfahren habe, ist mir bestätigt worden ... durch Herrn Steiner, der ganz erschrocken war, — (es war im ersten Jahr unserer gemeinsamen Arbeit, und ausgenommen einige wenige Worte, die er mir bei dieser Gelegenheit sagte, spricht er niemals von diesen Dingen, die ihn betreffen, und niemals frage ich danach)".[50]

Als der junge Wilhelm Rath im Juli 1924 den Karma-Vortrag hört, in welchem vom Kampf der Pariser Dominikaner gegen die Irrlehren des Averroes die Rede ist, berührt ihn die Ahnung, dass Rudolf Steiner dabei „aus der Erinnerung an ein vergangenes Erdenleben" sprach. Es handelte sich um ein dort geschildertes Gespräch. Rath berichtet:

Ich glaubte, den jüngeren Dominikaner lebendig vor mir zu sehen, und ich fühlte den Gedanken in mir aufsteigen: Das war er doch selbst! Spricht Dr. Steiner hier nicht aus einer karmischen Erinnerung? Wer aber war dieser jüngere Dominikaner? — Mit dieser Frage fuhr ich bald darauf zurück nach Stuttgart, wo ich das Sekretariat der Freien Anthroposophischen Gesellschaft zu besorgen hatte.

Was nun folgt, ist die Schilderung einer Schicksalsantwort, wie sie im Zusammenhang mit seriöser Karma-Forschung damals auch bei anderen Schülern Rudolf Steiners vorkam.[51] Rath berichtet weiter:

Es war meine Gewohnheit, wenn ich Bücherwagen mit antiquarischen Büchern an der Straße sah, mich immer dabei ein wenig aufzuhalten. Ich ergriff einen Band von Riners „Geschichte der

Philosophie" von 1829 und schlug ihn auf. Mein Blick fiel auf eine
Überschrift: „Auszug aus der Schrift des Hl. Thomas von Aquino gegen
die Anhänger des Averroes". Es war wie ein Blitz, der mich durchfuhr:
also war der jüngere Dominikaner Thomas von Aquino! und dies war
Rudolf Steiner im 13. Jahrhundert!?

Ich empfand die schicksalhafte Fügung, die mir dieses
Buch in die Hand gab ... Und ich beschloss, bei meinem nächsten Be-
such in Dornach Dr. Steiner zu fragen: „Sah ich richtig? Waren Sie
Thomas von Aquino?" Doch schien mir diese Frage für einen jungen
Menschen zu unbescheiden.[52]

Er stellt die Frage nicht. Es ist tief bewegend und charakteristisch für die sensible Intimität, mit der damals im Umkreis
Rudolf Steiners solche Dinge behandelt wurden, wie er dann
doch eine Antwort erhält.

„Das Wichtigste von Mund zu Ohr"

All dementsprechend mahnt uns Rudolf Steiner im Zusammenhang der Karma-Vorträge des Sommers 1924 eindringlich,
„das Wichtigste von Mund zu Ohr" auszutauschen, nicht durch
Printmedien (oder im Internet, wie wir heute hinzufügen können). Die Druckkunst müsse zwar durchaus im Dienst der Anthroposophie genutzt und dabei gewissermaßen „geadelt"
werden, sie sei aber für gewisse Inhalte nicht geeignet.[53] Vielleicht sollte generell unter Anthroposophen mehr darüber
nachgedacht werden, welche „Erkenntnisse" sich für eine

dauerhafte Fixierung im Druck oder in elektronischen Medien eignen, und welche nicht. Die Karma-Hinweise Rudolf Steiners jedenfalls, die doch ohne Zweifel zum „Wichtigsten" gehören, was uns aus der Geistigen Welt anvertraut worden ist, sollten — seiner Weisung gemäß — vor einer solchen Fixierung strikt bewahrt bleiben.

Wir stehen heute mehr denn je vor der Notwendigkeit, anthroposophische Esoterik offensiv nach außen zu vertreten: als rational begründet, zeitgemäß, frei zugänglich für jeden, der sich dafür interessiert. Das gehört in jede Art von Zeitung, ins Fernsehen, ins Internet. Zugleich ist mit ebensolcher Entschiedenheit dafür zu sorgen, dass alles, was sich im esoterischen Bereich frei gebildeter „Grenzvorstellungen" bewegt, vor den Banalitäten des öffentlichen Gesprächs geschützt wird. Wo die Karma-Hinweise Rudolf Steiners mit fröhlicher Naivität in die „Außenwelt" transportiert werden, entstehen irreführende Mythenbildungen, verfehlte Bedeutsamkeiten, seichte Kolportage.

5.
Kredit bei Rudolf Steiner

Dieser Beitrag warnt davor, Zitate aus dem Werk Rudolf Steiners als eigene Erkenntnisse zu behandeln. Er zeigt ansatzweise, worauf Rücksicht zu nehmen ist, wenn die Ergebnisse anthroposophischer Geistesforschung vom Kredit zum Guthaben werden sollen, von geschenkter Weisheit zum eigenen Gewahrwerden von Wirklichkeit.

Immer wieder aufs Neue fühlt sich jeder tätige Anthroposoph von Rudolf Steiner beschenkt. Es handelt sich aber bei den Vorstellungen und Ideen, die uns aus dem Lebenswerk des Geisteslehrers zufließen, um Geschenke einer besonderen Art. Nämlich solche, die sich, wenn man damit lebt, überraschend verändern. Sie gleichen einem Darlehen, das sich erst durch erfolgreiche Arbeit in ein Guthaben verwandelt. Wer meint, ein solches Darlehen als sein Eigentum zu besitzen, bevor diese Umwandlung stattgefunden hat, gibt sich einer riskanten Täuschung hin.

Worum es sich dabei handelt, wird deutlicher, wenn wir die Einsichten der Anthroposophie mit dem Tatsachenwissen der modernen empirischen Forschung vergleichen. Steiner hat in seinem wissenschaftstheoretisch zentralen Werk „Von Seelenrätseln" diese Forschung, die er dort als *Anthropologie* bezeichnet, mit seiner *Anthroposophie* verglichen. Er ist der

Auffassung, dass beide Erkenntnisweisen zwar so verschieden sind wie Schwarz und Weiß, aber doch in jeder Einzelheit miteinander kompatibel. Nur male Anthroposophie ihr Bild vom Menschen „mit ganz andern Mitteln".[54] Und das hat gravierende Folgen für den Umgang mit Begriffen und Einsichten, die das Werk Steiners uns zur Verfügung stellt.

Wahrheit durch Abstraktion?

„Anthropologie" im Sinne des Buches „Von Seelenrätseln" gelangt heute, nach weit verbreiteter Ansicht, zu ihren Ergebnissen durch einen rigorosen Sublimierungsprozess auf dem Weg fortschreitender Abstraktion. Für den Erziehungswissenschaftler Heiner Ullrich beispielsweise stellt sich Steiners Pädagogik als eine „vorwissenschaftliche" Erziehungslehre dar, weil sie diesen Prozess nicht mitvollziehe. Der „wissenschaftliche Geist", schreibt Ullrich mit Berufung auf den französischen Historiker Gaston Bachelard, sei „zu jener geistigen Askese bereit, die die eigenen Intuitionen, die eigenen Lieblingsbilder durch einen ‚epistemologischen Schnitt' (coupure épistémologique) abstreift, das heißt zugunsten abstrakter Modelle und quantitativer Verfahren radikal mit dem Alltagswissen bricht".[55] Der damit gekennzeichnete Impuls wissenschaftlichen Fortschritts, wie er sich im Denkkollektiv[56] besonders der naturwissenschaftlichen Forschung im Lauf der letzten Jahrzehnte zunehmend profiliert hat, führt zu Kollateralschäden, die inzwischen immer deutlicher sichtbar werden: zur technokratischen Herrschaft von Expertengremien, die sich jeder demokratischen Kontrolle entziehen, zur systematischen Eliminierung individueller Entscheidungskompetenz, zu wirklichkeitsfernen Mechanismen von Planung und Evaluation, zu Wachstumswahn, Umweltschäden und sozialem Elend. Der tschechische Dissident und spätere Staatspräsident Václav Havel sah schon im Jahre 1978 im lügenhaften Ritualsystem der Diktatur, in welcher er zu überleben hatte, die dementsprechenden „latenten Richtungstendenzen" wirksam, die uns heute überall in der zivilisierten Welt zu schaffen machen.[57] Das Ermitteln von Wahrheit durch den Stufenweg fortschreitender Abstraktion gerät in Sackgassen. Es verliert mehr und mehr seinen Bezug zur Wirklichkeit.[58]

Wahrheit durch Kodifikation?

Welchen befreienden Ausblick eröffnet da nicht die Anthroposophie Rudolf Steiners! Ihr Weltbild gibt dem Leben Sinn und Ziel. Sie hält sich an das jetzt und hier Erfahrbare, an die individuell erlebte Situation. Für alle großen Fragen des Daseins hält sie dabei plausible Antworten bereit. Bewundernswerte Schüler Rudolf Steiners haben diese Antworten gesammelt, geordnet, weiter ausgebaut, in so gut wie allen Berufsfeldern erprobt und verifiziert. Für viele Gebiete stehen umfassende Kompendien anthroposophischen Wissens zur Verfügung, ganze Reihen von Ratgeber-Literatur, Berichte über Erfahrungen in der Praxis.

Natürlich gibt es dabei auch Meinungsverschiedenheiten. Wer herausgefunden zu haben glaubt, was Steiner zu diesem und jenem „eigentlich" gemeint hat, wird bestrebt sein, sein kostbares Ermittlungsergebnis wirksam unter die Leute zu bringen und vor Missbrauch zu bewahren. Dementsprechend wird er sich bemühen, das Gefundene nach allen Seiten hin abzusichern und so weit wie möglich auf Belege aus der Rudolf Steiner Gesamtausgabe zu beziehen.

All das ist sicher in vieler Hinsicht hilfreich. Der Prozess einer fortschreitenden Kodifizierung anthroposophischer Wahrheiten, der sich darin zeigt, hat aber auch bedenkliche Nebenwirkungen. Unterschiedliche Ansichten entziehen sich dem offenen Gespräch und nehmen religiöse Züge an, wie bei allen Glaubenslehren, bis hin zum Fundamentalismus. Das Lebenswerk Rudolf Steiners lässt sich so als gewaltige Offenbarung lesen, die in Ehrfurcht anzunehmen und auszubreiten ist. Kritiker sehen darin eine Tendenz zur „Konfessionalisierung."[59] Die Wirksamkeit und die Nützlichkeit der Kodifizierung soll also hier nicht in Frage gestellt werden. Aber ist sie der Weg zu Wahrheit und Wirklichkeit, den Rudolf Steiner gemeint hat?

Verstandesseele und Bewusstseinsseele

Kritiker und Gegner der Anthroposophie behaupten gern, dass Steiner seine Lehre von den Wesensgliedern des Menschen von den Theosophen oder aus der aristotelischen Tradition übernommen habe. Gegen diese Auffassung spricht vieles, vor allem aber der Begriff der *Bewusstseinsseele*, den Steiner mit seiner „Theosophie" von 1904 eingeführt und in den anschließenden Jahren immer weiter präzisiert hat. Für diesen Begriff gibt es keine historischen Vorbilder, und das scheint bisher niemand aus dem Lager der akademischen Steiner-Forschung für sonderlich bemerkenswert gehalten zu haben. Aber auch unter Anthroposophen beginnt der neue Begriff erst in jüngster Zeit eine gewisse Aufmerksamkeit zu erwecken.[60] Weitgehend unbekannt sind hierzulande die eingehenden Betrachtungen geblieben, die der englische Sprachforscher und Kulturhistoriker Owen Barfield schon früh dem Thema gewidmet hat.[61] Seine geistvollen Beobachtungen können hier nicht referiert werden. Für unseren Zweck mag es genügen, hervorzuheben, welche Bedeutung Barfield dem Wandel des Erkenntnisinteresses zumisst, der sich seit dem Beginn der Neuzeit in keinem Land der Welt so deutlich vollzogen hat wie in England. Allgemein in der historischen Forschung gilt der Lordkanzler der Königin Elisabeth I., Francis Bacon (1561-1626), als maßgebender Pionier der modernen, materialistisch orientierten Naturwissenschaft. Die emotionslose Nüchternheit, die aus dessen Werken zu uns spricht, der Geist des gewissenhaften Registrierens sinnlich beobachtbarer Tatsachen, der mit den Vorurteilen und leeren Fiktionen der dekadenten aristotelischen Tradition aufräumt, prägen bis heute das Ethos aller ernstzunehmenden empirischen Forschung. Ihm eng benachbart und geistig verwandt erscheint sein Zeitgenosse William Shakespeare (1564-1616), dessen Bühnenfiguren die Scheinhaftigkeit des Weltgeschehens entlarven: „All the world's a stage, and all the men and women merely players ..."[62] Besonders in der Gestalt seines *Hamlet* verkörpert er die Erfahrungen der Ausweglosigkeit, die Grenz-Erlebnisse, die das erwachende Bewusstsein des neuen Zeitalters mit sich bringt. Hamlet erscheint mit dem leer und sinnlos gewordenen Buch in der Hand („What do you read, my lord? — Words, words, words ...")[63] und mit dem *Totenschädel*.[64] Shakespeares Einfall aufgreifend, setzt Steiner in die Deckengemälde des ersten Goetheanum-Baus neben den Repräsentanten des fünften nachatlantischen Zeitalters das *Skelett* mit dem *Buch* in der Hand. Dazu die Buchstaben I C H . Die Selbstvergewisserung im Geist, bei Steiner selbst eine wegweisende Lebenserfahrung, wie sein Brief an einen Jugendfreund vom 13. Januar 1881[65] zeigt, bedarf der Prüfungserlebnisse des Selbstzweifels und der Todesnähe, die Shakespeare in den Reden seiner Pessimisten, seiner weisen Narren, seiner Wahnsinnigen auf die Bühne gebracht hat, der desillusionierenden Erfahrungen des Zeitalters der Bewusstseinsseele.

Wie sicher und fest in sich gegründet erscheint doch dem gegenüber das innere Leben im Zeitalter der Verstandesseele, besonders zur Zeit seiner Reife im ausgehenden Mittelalter. Dort war die Welt im Geist Gottes zuverlässig vorgeplant. Bis in die kleinsten Einzelheiten war die lichtvolle Ordnung des Universums mit dem ganzen Reichtum ihrer Korrespondenzen logisch gesichert.[66] Von der Schöpfung bis zum Jüngsten Gericht war für alles dauerhaft gesorgt. Wer dem göttlichen Heilsplan gemäß lebte, durfte sich behütet fühlen und war gerettet. Steiner hat die Kultur des Hohen Mittelalters geliebt und bewundert. Aber mit seinem Begriff der Bewusstseinsseele hat er sich schroff von ihr distanziert. Welche Folgen das für einen angemessenen Umgang mit seiner Lehre hat, werden wir noch sehen.

Durch Schauen zur Wirklichkeit

Die unter Anthroposophen lange tabuisierte und dann kontrovers diskutierte Frage, ob die scharfen Äußerungen Steiners in den letzten Jahren des neunzehnten Jahrhunderts gegen jede Art traditioneller Jenseitsvorstellungen mit seiner später hervorgetretenen Anthroposophie vereinbar seien, scheint neuerdings geklärt zu sein. Steiner hat seine Begeisterung für Haeckel und Nietzsche und die anarchistischen Abenteuer jener Jahre, mit denen er seine Ich-Philosophie stabilisierte,[67] nie verleugnen müssen. Er blieb auch als Lehrer der Anthroposophie sein Leben lang Monist. Als solcher aber bemühte er sich unablässig, die Geist-Erfahrung seiner Jugendjahre, die in dem erwähnten Brief an den Freund so deutlich aufleuchtet, zu vertiefen und begrifflich zu fassen. Schon bei der Arbeit am ersten Band der naturwissenschaftlichen Schriften Goethes, den er im Alter von einundzwanzig Jahren in Angriff nimmt, geht ihm auf, was heute wissenschaftstheoretisch als *Emergenz* diskutiert wird: die Tatsache, dass auf jeder höheren Daseinsstufe Phänomene auftreten, die mit den an niederen Stufen gewonnenen Begriffen nicht erklärt werden können.[68] Wasser ist mehr als H_2O, ein lebendiger Organismus mehr als die Mechanik seiner Moleküle. Der menschliche Geist, in fortwährender Entwicklung befindlich, ist in der Lage, die Stufen des Seins mit einer Stufenfolge angemessen modifizierter Begriffe zu durchdringen, zu erklären, zu verstehen. Auf diese Weise erscheint alles, was Steiner mit dem rätselhaften Wort Geist bezeichnet, als Emergenzphänomen in der einen, ungeteilten Wahrnehmungswelt, ohne das Jenseits religiöser oder philosophischer Traditionen.

Ein schwer zu überwindendes Hindernis für das unbefangene Nachvollziehen der diesbezüglichen Gedankengänge Steiners ist die aus dem griechischen Altertum stammende und besonders in den Naturwissenschaften bis heute vorherrschende Meinung, dass alles Erkennen an Sprache gebunden sei. Steiner überwindet diese Auffassung schon in seiner Bemühung um den goetheschen Begriff des *Typus*. Spätestens ab 1907 sucht er nach Formen des außer- oder übersprachlichen Erkennens, nach Ausdrucksformen für seine „Geist-" Erfahrung im Medium der Künste. Dahin kann ihm der Mainstream der Forschung bis heute nicht folgen, obwohl längst klar ist, dass es sich beim künstlerischen Erleben keineswegs nur um Gefühlsduselei, um dumpfe Erregung oder Träumereien handelt, sondern auch um höchst anspruchsvolle Modalitäten bewussten Erkennens. Wer ein anspruchsvolles musikalisches Kunstwerk dirigiert, vollbringt eine intellektuelle Höchstleistung, mehrere Emergenz-Ebenen über den vergleichsweise schlichten Operationen des Schlussfolgerns im physikalischen Labor. Die amerikanische Musikwissenschaftlerin Susanne K. Langer hat schon im Jahre 1941, anschließend an die „Philosophie der symbolischen Formen" von Ernst Cassirer, für diesen Tatbestand einen bemerkenswerten Schlüsselbegriff entwickelt. Sie unterscheidet Formen des sprachlichen Ausdrucks, den *diskursiven* Symbolismus, von der *präsentativen* Symbolik des wortlosen künstlerischen Schauens und Verstehens und schreibt: „Die Anerkennung des präsentativen Symbolismus als eines normalen Bedeutungsvehikels von allgemeiner Gültigkeit erweitert unsere Vorstellung von Rationalität weit über die traditionellen Grenzen hinaus und wird doch der Logik im strengsten Sinne niemals untreu."[69]

Im Sinne dieser Einsicht entwickelt Steiner in den „symbolischen Formen" der Künste ein unerhört vielfältiges Methoden-Arsenal für individuelle Erkenntnis-Zugänge zum „Geist": die Ausdrucksformen der Eurythmie, die Bauformen des Goetheanums, eine elaborierte Farbenlehre, seine exemplarischen Tafelzeichnungen, seine Mysteriendramen, die noch längst nicht hinreichend erforschte Fülle seiner Mantren für den Zweck der Meditation. In seinem Buch „Vom Menschenrätsel" von 1916 und begleitenden Vorträgen fordert er ein Denken in *Bildern*. Im Sommer 1922, als die neu gegründete Waldorfschule ihren Elan zu verlieren droht, setzt er neue Akzente für einen künstlerisch gestalteten Unterricht. Nach dem Goetheanum-Brand verändert er den Stil seiner Vorträge und gelangt zu überwältigend neuen Formen imaginativen Ausdrucks auch in Worten.

Wer diese Vorgänge studiert, nähert sich dem Verständnis des rätselhaften Satzes, in den Steiner seinen Aufsatz über „Faust und Hamlet" vom April 1922 einmünden lässt: „Für Goethe wurde Shakespeare der Genius, der ihm in seiner

Jugend den Weg in die ‚neue Welt' wies, weil Shakespeare in der dramatischen Menschengestaltung die Notwendigkeit des Naturwirkens mit der Freiheit des Gedankenlebens in jenem Schweben zu halten wusste, das von dem neuzeitlichen Menschen gefühlt werden muss, wenn er im Gedanken nicht die Wirklichkeit verlieren will."[70] Warum sollen die „Notwendigkeit des Naturwirkens" und die „Freiheit des Gedankenlebens" zusammenfinden? Warum in einem Modus des „Schwebens"? Und was hat das mit dem Verhältnis des modernen Menschen zur „Wirklichkeit" zu tun?

Eine Ethik des Gleichgewicht

Die alte Frage nach dem Ursprung und Sinn des *Bösen* in der Welt, das Theodizee-Problem der Philosophen, hat traditionell zu der Vorstellung geführt, gut und böse seien Gegensätze. Wer auf der Seite des Guten steht, habe das Böse zu bekämpfen, womöglich auszurotten. Im Kampf des George W. Bush gegen die *Axis of Evil*, in der Mobilisierung der Weltmacht Amerikas gegen islamistischen Terror im Zeichen des elften September zeigt sich diese Auffassung in extremer Form.

    Es scheint der akademischen Steiner-Kritik und auch manchen Anthroposophen bisher völlig entgangen zu sein, welche Revolution der Ethik Steiner in Gang gebracht hat, als er das Gute nicht mehr als Feind des Bösen, sondern als einen prekären, dauernd zu erneuernden Zustand des *Gleichgewichts zwischen Gegensätzen* aufzufassen begann. Der „Menschheits-Repräsentant" in der bekannten Dornacher Holzplastik erscheint *zwischen* Luzifer und Ahriman, mit einer Geste des Zusammenklanges von Gelassenheit und Kraft, wie sie in der Geschichte der bildenden Kunst nirgendwo anders anzutreffen ist: ein Schlüsselsymbol für das Verstehen des merkwürdigen Wortes vom „Schweben" als Vorbedingung für das Berühren von „Wirklichkeit". Hieraus erhellt, welche Bedeutung Steiner den bekannten Nebenübungen für das Vorankommen auf dem anthroposophischen Schulungsweg zuschreibt. Der Zugang zum „Geist" vollzieht sich im Sinne der Anthroposophie, wie auch jeder anderen großen Esoterik, nicht ohne die Veränderungen, die in der neueren kulturgeschichtlichen Forschung als *Transmutation* bezeichnet werden, die Metamorphose nicht nur des Erkenntnisgegenstandes, sondern des Forschenden selbst. Die neuzeitliche naturwissenschaftliche Forschung hat ihre Erfolge dadurch erreicht, dass sie gemäß dem Prinzip der intersubjektiven Gültigkeit ihres Vorgehens von der Person des Forschers völlig abzusehen gelernt hat. Das ist bei Forschungen auf dem Weg zum „Geist" nicht möglich. Hier wird der Erkennende selbst zum Forschungsinstrument. Steiner beschreibt in seinen frühen Aufsätzen über die „Stufen der höheren Erkenntnis" noch recht drastisch, welche Gefahren dabei zu berücksichtigen sind. Später treten bei ihm die entsprechenden Hinweise und Warnungen eher zurück; ein Indiz dafür, dass die Praxis der Nebenübungen sich unter seinen aktiven Schülern hinreichend ausgebreitet hat.

Auch noch im letzten Jahr seines Arbeitslebens schildert Steiner vor seinen esoterischen Schülern eindringlich die unvermeidbaren Herausforderungen, die jede Annäherung an den „Geist" notwendig mit sich bringt. Die Mantren der ersten Lehrstunden in der neu gegründeten *Freien Hochschule für Geisteswissenschaft* vom Frühjahr 1924 betreffen den Umgang mit Grenz-Erlebnissen, die den Bildern Dantes aus dem ersten Gesang der *Divina Commedia* geradezu auffallend verwandt sind, dem Gefühl der Ausweglosigkeit in einer verworrenen Lebenslage, den Bedrohungen durch unerwartet aufsteigende Mächte aus den unbewussten Tiefen der Seele, dem ungesicherten Weg am Rande des Abgrunds. Ein diesbezüglicher Aufsatz im Nachrichtenblatt für die Mitglieder der Anthroposophischen Gesellschaft endet mit dem Satz: „Was hier exoterisch gesagt ist, das wird in der Schule esoterisch *entwickelt*."

Schweben und Schwanken: Liminale Prozesse als Zugänge zur Wirklichkeit

Was mit diesem Hinweis gemeint ist, wird verständlich, wenn man sich klar macht, dass sprachliche oder andere Mitteilungen nicht nur Vorstellungen oder Begriffe transportieren, sondern dass sie auch, mehr oder weniger, andere Botschaften mit sich führen: Provokationen, Appelle, Drohungen, Befehle, Ermunterungen, Erleuchtungen, Überraschungen; Eindrücke, in die wir als Hörer oder Zuschauer existentiell involviert sind und die wir durch die Art, wie wir darauf eingehen, unwillkürlich mitgestalten. Die neuere Forschung nennt solche Botschaften, die besonders deutlich bei Theateraufführungen oder artistischen Happenings beobachtet werden können, *performativ*.[71] Sie scheinen mit Erfahrungen des *Übergangs* zu tun zu haben, wie sie etwa aus den Ritualen vieler Kulturen beim Entwicklungsschritt in das Erwachsenenalter bekannt sind, mit Erfahrungen von *Liminalität*. Was dabei geschieht, ist nicht gesichert. Es hängt vom unberechenbaren Verhalten aller Beteiligten ab. Aber gerade dadurch bewirkt es, was die Esoterikforschung als *Transmutation* bezeichnet. Der Historiker und Waldorfpädagoge Ulrich Kaiser hat inzwischen gezeigt, wie sich von den Erkundungen der Performativitätsforschung her die Esoterik der Anthroposophie beleuchten lässt.[72]

Die Schriften und viele Vorträge Steiners haben ganz offensichtlich einen stark performativen Charakter. Wer sie verstehen will, sollte über die Situation ihres Ursprungs im Bilde sein, über die dabei maßgeblichen *Konstellationen*.[73] Was daraus entstehen kann, ist nicht festgelegt. Es ist auf die Mitwirkung der Leser oder Hörer angewiesen. Eine auf den bloßen Informationsgehalt seiner Äußerungen gerichtete Verbreitung seiner Lehre verurteilt Steiner als „Kochbuch"-Anthroposophie. Sein zentraler Impuls bleibt es, „ ,Geistesschüler' auf die Bahn der Entwicklung zu bringen".[74] So erzählt er nicht nur von höheren Welten. Er erzieht seine Leser, seine Zuhörer, seine Mitarbeiter zum „besonnenen Erleben mit Grenzvorstellungen", wie er in den „Seelenrätseln"[75] schreibt, zu einem ungesicherten, behutsamen, geduldigen, ergebnisoffenen Umgang mit Vorstellungen und Begriffen, die durchaus vorläufigen Charakter haben; mit — im Sinne Goethes — *schwankenden*, mit *schwebenden* Gebilden, die noch nicht eindeutig festgelegt sind, aber gerade dadurch offen für neue *Wirklichkeiten*. Wie sich das für den aufmerksamen Leser beim aktiven Umgang mit Steiners Texten zeigt, hat kürzlich Martina Maria Sam in einer anregenden Betrachtung zum Problem der „subjektlosen Sätze" dargestellt. Sie weist darauf hin, dass Novalis einen Zustand des „Schwebens" als Kennzeichen der „produktiven Einbildungskraft" schildert.[76]

Das Gleiche zeigt sich in Steiners Hinweisen auf eine geschichtliche Symptomatologie, mit denen ab 1916 seine ursprünglichen Aussagen über einen göttlichen „Weltenplan" immer mehr in den Hintergrund rücken. Stattdessen tritt das Ideal des gelassenen Wartenkönnens hervor, auch die Mahnung, auf die überraschenden Botschaften individuellen Karmas zu achten.[77]

So gesehen, erweist sich Steiners Lehre als ein gewaltiges *Provisorium*, ein umfassendes Unternehmen, das erst unter den besonderen Umständen individueller Lebensläufe die von seinem Urheber erhoffte Gestalt annimmt und gerade dadurch die Kraft erhält, Wirklichkeit zu erreichen und zu verändern. Die bisherige Steiner-Rezeption hat diese Eigenart der Anthroposophie nicht hinreichend beleuchtet und stattdessen das Bild einer dogmatisch fixierten, von außen vorgegebenen „Weltanschauung" entstehen lassen, bei Gegnern wie bei vielen Sympathisanten. Steiner sagt dazu in einer frühen esoterische Lehrstunde: „Der Mensch muss, um die Wahrheit zu erkennen, dogmatisieren, aber er darf nie im Dogma die Wahrheit sehen."[78] Die Wahrheiten der Anthroposophie sind keine Gabe, die uns geschenkt wird, um zu bleiben, wie sie ist. Wir dürfen gern Kredit aufnehmen bei Rudolf Steiner. Zum Guthaben wird das so großherzig Geliehene erst, wenn wir es aus eigener Intuition verwirklicht haben.

6.
Gewordene und
werdende Anthroposophie

Ein Versuch, die Hintergründe der symptomatischen Debatte über die neue Kritische Ausgabe der Werke Rudolf Steiners zu verstehen.

In der Aufbauzeit unter der Leitung Rudolf Steiners befand sich die Entwicklung der anthroposophischen Bewegung in einer ersten Phase, welche in vieler Hinsicht Merkmale aufweist, die der niederländische Sozialwissenschaftler Bernard Lievegoed der Startphase jeder Art von sozialer Unternehmung zuschreibt.[79] Wo etwas von wenigen engagierten Pionieren neu aufgebaut wird, kennt noch jeder jeden; alles ist in Bewegung, noch wenig konturiert, von Enthusiasmus und Wärme durchdrungen; das gemeinsame Wollen verwirklicht sich in Taten, die erst im Laufe der Zeit deutliche Gedankenformen annehmen. Die bewundernswerten Vorkämpfer der Anthroposophie hatten in kümmerlichen äußeren Verhältnissen zu arbeiten, hatten für Ideen einzutreten, die ihnen selbst ganz neu waren und die sie erst sehr anfänglich verstanden hatten, bekämpft von einer gehässigen Gegnerschaft, gegen den Meinungsdruck der vorherrschenden materialistischen Zeitkultur. Dass sie dabei durchhielten, verdankten sie der überragenden Führungsautorität Rudolf Steiners und der Kraft, die ihnen aus den heiligen Geheimnissen anthroposophischer Esoterik zufloss.

Als Rudolf Steiner starb, fanden sich seine Schüler auf den „Eigenrat"[80] verwiesen, auf ihr individuelles Urteilsvermögen und ihre Fähigkeit zu loyaler Zusammenarbeit. Zumindest in zwei Bereichen des praktischen Lebens hatte der große Lehrer Arbeitsformen dafür veranlagt und ansatzweise auch schon erprobt: in Pädagogik und Medizin. Das Lehrerkollegium der Waldorfschule in Stuttgart, faktisch seit dem Konferenzgespräch vom 5. Februar 1924[81] das zentrale Organ in der Pädagogischen Sektion der Freien Hochschule für Geisteswissenschaft, und der esoterische Trägerkreis der Medizinischen Sektion, den Steiner noch im September 1924 aus dem Teilnehmerkreis der Jungmedizinerkurse jenes Jahres hatte formen können,[82] lassen sich aus heutiger Perspektive als exemplarische Sozialgebilde sehen, die individuelle Erfahrungen aus der Arbeitswelt und aus der aktuellen wissenschaftlichen Forschung mit den Entdeckungen individueller Übungswege produktiv verbinden konnten, gemäß dem Leitwort der vorangegangenen Weihnachtstagung von der Harmonisierung der „denkbar größten Öffentlichkeit" mit „echter, wahrer Esoterik".[83] Sektionskreise weiterer Lebensfelder hätten das aufgreifen und fortsetzen können. Auch das Leitungsgremium der Hochschule selbst hätte sich in dieser Richtung betätigen können. Der Impuls zum gemeinsamen neuen Anfang und die daraus resultierenden Vorschläge, die Marie Steiner — „mit großem Glücksgefühl", wie sie schreibt — am Morgen nach der erschütternden Bestattungsfeier genial intuitiv fassen konnte,[84] wären eine sachgemäße Grundlage dafür gewesen. Aber dazu kam es nicht. Das produktive Zusammenwirken der Mitglieder des Leitungsgremiums, für das Rudolf Steiner hatte sorgen können, kam trotz allseitiger Bemühungen schon wenige Wochen nach seinem Tode zum Erliegen. Das Leitbild vom „esoterischen Vorstand" wurde damit zur leeren Fiktion.

Im Zurückblicken auf die glücklichen Jahre der Arbeit mit dem großen Lehrer entwickelten sich unterschiedliche Bilder, die nicht mehr miteinander in Einklang gebracht werden konnten. Und für alle Beteiligten wurde die Erhaltung, ja die Rettung des immer noch gemeinsamen Erbes wichtiger als der gemeinsame Fortschritt. Auslegungsfragen traten in den Vordergrund, Ansprüche auf Wahrheit und Würde. Das führte notwendig zu Zank und Streit, wie bei den Kirchenvätern des frühen Christentums. Ita Wegmans große Idee einer Anthroposophie, die in einzelnen Menschen individuelle Form angenommen habe,[85] trat erst Jahre später hervor und wurde auch dann noch nicht sozial wirksam.

Wohl aber wurden die Lehren Rudolf Steiners in vielfältiger Bemühung umfassend zusammengetragen, systematisiert, gedanklich durchleuchtet. Es entstand eine elaborierte Kultur des Gesprächs unter den Schülern Rudolf Steiners, die aber ganz auf sich selbst beschränkt blieb und keinen Anschluss an die in raschem Fortschritt befindliche Zeitkultur fand. Ein warmer Binnenraum bildete sich heraus, der jeder „äußeren" Wissenschaft mit einem unreflektierten Gefühl der Überlegenheit und mit Skepsis begegnete. Die „Außenwelt" wurde dabei zunehmend als bedrohlich empfunden, der gemeinsam aufgebaute Binnenraum wurde zum zuverlässigen Refugium, das durch gemeinsame Sprachformen und Formen des Umgangs, die Anrede „liebe Freunde" zum Beispiel, das Einhüllen von Kritik in „Positivität" oder das Verschweigen peinlicher Tatbestände ein Klima der Geborgenheit erzeugte, in welchem man sich wohlfühlen konnte, geschützt vor den Strapazen all der Rätselfragen des modernen Lebens, denen Menschen ohne Anthroposophie heute überall ausgesetzt sind. Die anthroposophische Bewegung blieb — zu einem guten Teil bis heute — in den Stimmungen und Verhaltensweisen ihrer Pionierphase stecken. Der Binnenraum wurde zur *Wagenburg*, zum Schutzraum der Pioniere auf ihrem Weg zum fernen Ziel.

Von der Idee zum Markenschutz

Auch kaum vermeidbare Sachzwänge spielten bei dieser Entwicklung eine Rolle. Rudolf Steiners große Ideen und seine Anregungen auf allen Gebieten des Lebens, die ja oft nur keimhaft, in beiläufigen Bemerkungen, in aphoristischer Form erhalten sind, wurden dankbar aufgegriffen. Für jedes Praxisfeld bildeten sich Grundsätze, Leitlinien, aber auch selbstverständliche Gewohnheiten heraus, die es zu beschreiben galt. „Wo Waldorf draufsteht, muss auch Waldorf drin sein", sagt man heute gern. Das leuchtet ein. Es muss verhindert werden, dass der Name Rudolf Steiners und die bekannten Begriffe seiner Lehre für fremde Zwecke missbraucht werden. Ärzte,

Therapeuten, Apotheker, aber auch Patienten, Studierende, zuständige Beamte und Ausbilder dürfen dankbar dafür sein, dass ein Markenzeichen wie *anthromed*® eine definierbare Qualität garantiert. Sicher wird auch das Bewusstsein der Zusammengehörigkeit dadurch gestärkt, eine Art Familiengefühl, wie es im modernen Marketing schon längst höchst effizient gepflegt wird.

Aber es gibt dabei auch Nebenwirkungen. Ende 1932 schreibt Ita Wegman an einen Freund nach England über die Lage in Dornach: „Hier herrscht der wahre Katholizismus, niemand ist mehr frei. Das Neueste ist, dass sie den Namen Anthroposophie und Rudolf Steiner patentieren lassen wollen."[86] Es liegt auf der Hand, was ihr daran nicht gefällt. Zwar ist ein Markenschutz noch kein Patent, mit dem Macht ausgeübt werden kann. Aber auch jeder Markenschutz setzt eine Instanz voraus, die das zu Schützende eindeutig beschreibt und entsprechende Urteilskriterien festlegt. Damit wird eine höhere Autorität installiert, wird ein Festhalten am Herkömmlichen und Gewordenen begünstigt und jede schöpferische Weiterentwicklung erschwert. Jeder Markenschutz stärkt die gewohnten Traditionen. Die im letzten Satz der „Philosophie der Freiheit" warnend betonte Gefahr einer „Knechtschaft" der „Idee" kann dann nur allzu leicht zur bedrückenden Realität werden. Wir brauchen ein Gleichgewicht zwischen der unvermeidlichen Anpassung an eine Forderung des Lebens und der wachen Aufmerksamkeit für die damit verbundenen Probleme.

Der unbemerkte Wertewandel

Schon vor einer Reihe von Jahren hat die soziologische Forschung einen Wandel der Auffassungen von Gut und Böse konstatiert, einen Wertewandel, der in den USA einsetzte und etwa zehn Jahre nach dem Ende des Zweiten Weltkriegs auch Deutschland erreichte. Dabei traten die traditionellen „Pflicht- und Akzeptanzwerte" erstaunlich schnell zurück. Das Prinzip Martin Luthers „Seid untertan der Obrigkeit", im deutschen Kaiserreich so gut wie überall selbstverständlich akzeptiert und während der beiden großen Kriege schamlos missbraucht, geriet in Misskredit, zusammen mit kulturtragenden Begriffen wie Treue, Bescheidenheit, Gehorsam, Ordnungsliebe, Pünktlichkeit, Pflichtbewusstsein. Stattdessen galten jetzt die „Selbstentfaltungswerte": Ungebundenheit, Eigenverantwortung, Kreativität, Spontaneität, Selbstverwirklichung. Dieser erstaunlich schnell einsetzende Stimmungswandel mag mit der veränderten wirtschaftlichen Situation nach dem Zusammenbruch Deutschlands, mit dem Gefühl des Befreitseins von den Entbehrungen und Zwängen der Kriegszeit zu erklären sein. Zugleich aber lässt er sich als ein neuer Schritt in der Bewusstseinsentwicklung der Menschheit deuten, den Rudolf Steiner schon während der Arbeit an seiner „Philosophie der Freiheit" erwartet und zu fördern gesucht hat. „Lebe so, wie es deinem innern Wesen am besten entspricht; lebe dich ganz, restlos aus", hatte er geschrieben,[87] nicht um für schrankenlose Willkür zu plädieren, sondern weil er davon überzeugt war, dass jeder Mensch etwas ganz Individuelles für den Fortgang der Evolution beizutragen habe. „Gerade dann, wenn ein jeder der Gesamtheit das gibt, was ihr kein anderer, sondern nur er geben kann, dann leistet er das meiste für sie." In seiner „Philosophie der Freiheit" hatte er eine eingehende theoretische Begründung dafür geliefert, und in seiner Betrachtung über den „Egoismus in der Philosophie" von 1899 hatte er noch einmal scharf betont, dass jeder Fortschritt im Weltgeschehen auf die Aktivität jedes einzelnen Ich angewiesen sei.[88] Das aber war von seinen ersten Schülern kaum begriffen, geschweige denn in Taten und Lebensgewohnheiten umgesetzt worden. Dazu wäre eine unbefangene Aufmerksamkeit auf Ansichten und Meinungen von Menschen im Umkreis nötig gewesen, denen die Ideenwelt der Anthroposophie noch völlig fremd war. Unter dem überwältigenden Eindruck der Offenbarungen aus dem Übersinnlichen, von denen die anthroposophische Bewegung getragen und befeuert wurde und die es auszubreiten galt, bestand daran kein Interesse. Der Freiheitsimpuls Rudolf Steiners hätte sich in der neuen Wertewelt, die sich in der zweiten Hälfte des zwanzigsten Jahrhunderts überall in der zeitgenössischen Kultur durchsetzte, weithin ausbreiten können, wenn die Schüler Rudolf Steiners darauf vorbereitet gewesen wären. Das aber war nicht der Fall. Das eher rückwärts gewandte Binnenklima der anthroposophischen Bewegung ließ ein produktives Aufgreifen der neuen Impulse nicht zu. So fanden die engagierten jungen Träger dieser Impulse keinen zeitgemäßen geistigen Inhalt für ihr idealistisches Wollen. Sie verloren sich in den Träumen der Religion des New Age,[89] in den Verführungen zu hedonistischem Selbstgenuss, die das kranke

Wirtschaftssystem der Gegenwart ihnen aufdrängte, oder in sinnloser Gewalttätigkeit.

Niemand wird den Beteiligten deshalb einen Vorwurf machen wollen. Ohne energische Tätigkeit im Sinne der „Pflicht- und Akzeptanzwerte" hätte sich Anthroposophie in den ersten Aufbaujahren und dann unter den Belastungen der Nachkriegszeit wohl kaum durchsetzen können. Und hatte nicht Rudolf Steiner auf die Frage, ob er mit drei Worten sagen könne, was Anthroposophie sei, nachdrücklich geantwortet: „Pflichterfüllung, Pflichterfüllung, Pflichterfüllung"? Gewiss! Aber damit wollte er keinesfalls die Freiheitsethik des radikalen Individualismus von 1892 und 1899 zurücknehmen. Nur konnten seine ersten Schüler, durch ihr Arbeitsmilieu in herkömmliche Empfindungen und Gewohnheiten eingebunden, die produktive Diskrepanz zwischen beiden Haltungen noch gar nicht wahrnehmen, geschweige denn sie phantasievoll bewältigen. Steiners Begriff der „moralischen Phantasie" war noch wenig beleuchtet.[90] Auch nahm der gleichzeitig auszufechtende, heute kaum mehr verständlich erscheinende Streit um den Nachlass Rudolf Steiners alle Überschusskräfte in Anspruch.

Anthroposophie in fließender Entwicklung

Noch als Bodo von Plato im Jahre 2008 so mutig war, das schöne alte Bild des Philosophen Heraklit aufzugreifen und Anthroposophie mit einem Fluss zu vergleichen, der sich fortwährend fließend verändert, obwohl er derselbe bleibt, wurde das von vielen als ungehörige Provokation empfunden, zumal es in einem Presseorgan geschah, das im Verdacht stand, die Wahrheiten der Anthroposophie leichtfertig anzuzweifeln und zu relativieren.[91] Ungehörig, vielleicht sogar bedrohlich schien es zu sein, am bewundernswerten Werk Rudolf Steiners irgendetwas neu zu sehen oder anders haben zu wollen. Wer das versuchte, geriet in den Verdacht der Ketzerei.

In der Sozialgeschichte der Menschheit ist das nichts Ungewöhnliches. So entfaltete sich das frühe Christentum im Rahmen eines stillen, friedfertigen, anspruchslosen Gemeindelebens durch mehr als zwei Jahrhunderte in gemütvoller Lebendigkeit, voller Hingabe an die immer wieder neue Gegenwart des Auferstandenen, bis die Amtskirche eingriff und das Neue eindeutig festzuhalten versuchte. Die Offenbarung wurde für abgeschlossen erklärt. Unter den Anthroposophen zeigte sich etwas Vergleichbares schon wenige Jahre nach Rudolf Steiners Tod, als *Valentin Tomberg*, der seine bedeutenden geistigen Fähigkeiten energisch in den Dienst der Anthroposophie stellen wollte, mit jugendlicher Unbekümmertheit, wenn auch in vorsichtiger Weise, rückwärtsgewandte Tendenzen am Goetheanum monierte und für eine zeitgemäße Weiterentwicklung der Geisteswissenschaft Rudolf Steiners eintrat. Die Anthroposophische Gesellschaft, so schrieb er, „würde verdorren — ungeachtet der reichen Literatur, die sie besitzt —, wenn sie eine längere Zeit keinen *direkten* Zustrom aus der geistigen Welt erhalten würde." *Roman Boos* in seiner Eigenschaft als Leiter der sozialwissenschaftlichen Vereinigung am Goetheanum wies diese Auffassung entschieden zurück.[92] Zugrunde lag bei ihm die Auffassung, die auch von Marie Steiner vertreten wurde, dass die anthroposophische Bewegung mit dem Werk Rudolf Steiners noch auf lange Zeit hinreichend versorgt sei. Auch die Offenbarung anthroposophischer Weisheit wurde — einstweilen jedenfalls — als abgeschlossen betrachtet.

Unterstützt wurde dieser Schritt durch ein verhängnisvolles Missverständnis. Man übersah, dass Rudolf Steiner seine Lehre nicht nur als eine Erweiterung der Naturwissenschaft verstanden, sondern dass er zugleich auch die Erkenntnisformen der Anthroposophie scharf von denen der empirischen Forschung der üblichen Art unterschieden wissen wollte. Sie seien so verschieden wie Schwarz und Weiß, wenn auch in allen Einzelheiten miteinander kompatibel.[93] Statt nun der naheliegenden Frage nachzugehen, welche besonderen Ausdrucksformen Steiners Anthroposophie verwende, fasste man die Anregungen des Geistesforschers als handfestes Faktenwissen auf; im Sinne des Buches „Von Seelenrätseln" als ein Wissen in den Gedankenformen der *Anthropologie*. Die Eigenart der Ausdrucksformen, mit denen er das Unsagbare in Worte, Bilder und Gesten zu bringen suchte, blieb eine lange Zeit hindurch ganz unbeleuchtet. Rudolf Steiner hatte dieses Problem schon im Rahmen einer esoterischen Lehrstunde im Jahre 1904 mit einem aufschlussreichen Hinweis berührt: „Der Mensch muss, um die Wahrheit zu erkennen, dogmatisieren, aber er darf nie im Dogma die Wahrheit sehen."[94] Damit hat er nicht verhindern können, dass sein lebendiges, variantenreiches, immer situationsbezogenes „Dogmatisieren" sich von seinen freiheitlichen Intentionen gewissermaßen ablöste und statischen Charakter annahm, wie die Lehre einer Kirche (das „Dogma" im theologischen Sinn).

Gleichfalls in „Von Seelenrätseln" charakterisiert Rudolf Steiner als zentralen Forschungsansatz der Anthroposophie das „besonnene Erleben mit Grenzvorstellungen". An den Grenzen des Erkennens, wo empirische Forschung der üblichen Art resigniert aufgibt oder in Hypothesenbildungen ausweicht, setzt Anthroposophie in geduldiger Bemühung mit ihren Übungswegen ein und verändert damit nicht nur das Wahrgenommene, sondern den Erkennenden selbst. Anthroposophisches Erkennen ist deshalb auf weite Strecken mit dem Gefühl der Unzulänglichkeit verbunden, mit dem Gefühl, dass jedem Schritt auf dem Erkenntnisweg etwas Vorläufiges anhaftet und dass es unterschiedliche Wege zur Wahrheit gibt. Ein von Steiner selbst gegebenes Beispiel: Nachdem er mit seiner „Geheimwissenschaft" von 1910 eine umfassende Kosmologie mit detaillierten Begriffsbildungen entworfen hat, betont er in einem kleinen Übungsbuch des anschließenden Jahres den in gewisser Hinsicht dazu konträren Gedanken, dass jeder Weg zur Selbsterkenntnis ein anderer und völlig individuell sei.[95] Dieser Gedanke entspricht nicht nur seiner radikalen Freiheitsphilosophie. Er unterstreicht auch die Notwendigkeit völliger Toleranz in Erkenntnisfragen. Gelegentlich wird unter Anthroposophen behauptet, ein verbindliches Verhältnis zur Anthroposophie lasse weltanschauliche Bindungen anderer Art nicht zu. Steiner sah das offensichtlich anders. „Anthroposophie", so stellt er ausdrücklich fest, „stört niemandes religiöses Bekenntnis."[96] Und obwohl er bekanntlich gegenüber

Aktivitäten der katholischen Amtskirche oder gewisser masonischer Gruppierungen drastische Einwände erhebt, hat er nichts dagegen, dass *Harry Collison* als aktiver Freimaurer in London das Amt des Generalsekretärs der Anthroposophischen Gesellschaft in Großbritannien übernimmt. Den katholischen Ordensgeistlichen *Giuseppe Trinchero* betrachtet er als Vertrauensperson in Italien und beschenkt ihn noch im September 1924 mit einem persönlichen Mantra.[97] Freiheit für unterschiedliche geistige Wege und unbedingte Toleranz in Weltanschauungsfragen waren ihm selbstverständlich.

Man kann bemerken, dass eine solche auf Respekt vor höherer Wahrheit gegründete Toleranz im Verlauf der Menschheitsgeschichte mit friedlichen Sozialverhältnissen und Blütezeiten der Kultur verbunden war und ist. Alexander der Große hat sein Weltreich wie im Fluge erobern können, weil er fremden Religionen und Lebensgewohnheiten mit Wertschätzung und Toleranz entgegenkam. Auch die Kultur des Islam, die sich mit ähnlicher Schnelligkeit ausbreitete, war zu Beginn mit weltanschaulicher und religiöser Toleranz verbunden. Schon in ihrer Frühzeit war sie eine Kultur der Behutsamkeit, des Fragens und Offenlassens, die *Thomas Bauer* als „Kultur der Ambiguität" beschrieben hat.[98] *Günter Röschert*, der das verbreitete anthroposophische Islam-Bild gründlich revidiert hat, hebt hervor, wie die islamische Welt diese hohe Kultur seit dem Einmarsch Napoleons in Ägypten unter dem Einfluss der neuzeitlichen Philosophie des Westens aufgegeben hat. Der Fundamentalismus des Dschihad kennt nur eine Wahrheit und verweigert jedes Gespräch. Es ist eine bestürzende

Einsicht, sich klar zu machen, dass Tendenzen zu einem solchen Fundamentalismus auch unter den Schülern Rudolf Steiners auftreten, neuerdings verstärkt. Überraschend ist das nicht, wenn man sich klar macht, dass es sich dabei um degenerative Fehlentwicklungen von Religion handelt.

Dem gegenüber ist es hilfreich, eine *gewordene* und eine *werdende* Anthroposophie zu unterscheiden.[99] Beide sind im Werk Rudolf Steiners angelegt. Auf beide sind wir angewiesen. Es lässt sich vermeiden, die eine gegen die andere auszuspielen.

Altes und neues Geheimnis

Der Lebensphilosoph und Pionier der modernen Soziologie *Georg Simmel* hat im Jahre 1907 mit einer für seine Fachkollegen zweifellos verblüffenden Beobachtung eine Lebenstatsache beleuchtet, die in der Anthroposophie Rudolf Steiners eine zentrale Rolle spielt. Er schreibt:

> *Das Geheimnis — das durch positive oder negative Mittel getragene Verbergen von Wirklichkeiten — ist eine der größten Errungenschaften der Menschheit. Gegenüber dem kindischen Zustand, in dem jede Vorstellung sofort ausgesprochen wird, jedes Unternehmen allen Blicken zugänglich ist, wird durch das Geheimnis eine ungeheure Erweiterung des Lebens erreicht, weil viele seiner Inhalte bei völliger Publizität überhaupt nicht auftauchen könnten.*[100]

Im Weiteren geht Simmel darauf ein, wie veränderte, weiter entwickelte soziale Verhältnisse das Geheimnis öffentlich machen, zugleich aber auch ein Offenbares zum Geheimnis erheben. Behutsam schildert er Wechselwirkungen zwischen Geheimnisraum und Öffentlichkeit, die sich fortwährend kaum merklich verändern. Es liegt auf der Hand, dass wichtigste Wahrheiten der Anthroposophie nicht hätten „auftauchen" können, nicht die „ungeheure Erweiterung des Lebens" hätten bewirken können, die sie dann tatsächlich bewirkt haben, wenn sie schon bei ihrem ersten Erscheinen „völliger Publizität" ausgesetzt gewesen wären. Daher die von Rudolf Steiner aufgestellten strengen Schutzregeln für den Umgang mit den Inhalten der Esoterischen Schule der Theosophischen Gesellschaft oder später mit den Mantren der Freien Hochschule für Geisteswissenschaft. Aber wie er selbst in seinen Ausführungen über „Frühere Geheimhaltung und jetzige Veröffentlichung übersinnlicher Erkenntnisse"[101] festgestellt hat, verlangen neue soziale Verhältnisse auch neue Regeln im Umgang mit dem Geheimnis. Auch wirkt das engagierte Leben mit dem Geheimnis zurück auf dessen Bewahrer. In dem Maße wie dieser selbst sich und damit sein Wirkensfeld verändert, wird manches Geheimhalten überflüssig. Zugleich erhalten vorher wenig beachtete unbewusste Lebensinhalte ein inneres Gewicht, das neue Geheimnisräume erzeugt, in denen dann wieder „auftauchen" kann, was keine Öffentlichkeit verträgt. Das formelle Aufrechterhalten innerlich leer gewordener Geheimnisse mag Ämter und Würden retten. Das Aufblühen neuer Geheimnisse wird dadurch nicht gefördert.

Man betrachte im Sinne dieser Überlegungen, wie Rudolf Steiner seine Schüler gelehrt hat, mit Geheimnissen umzugehen. Immer wieder macht er darauf aufmerksam, wie vorschnelles Reden die innere Entwicklung behindert, wie jedes wirkliche Vorankommen auf dem Weg zum Geist mit Reife-Prozessen zu tun hat, mit Verschwiegenheit, mit der Tugend des Wartenkönnens, mit Stimmungen, mit Ahnungen. In „Mein Lebensgang" erzählt er von seiner ersten Liebe:

> Wir liebten einander und wussten beide das wohl ganz deutlich; aber konnten auch beide nicht die Scheu davor überwinden, uns zu sagen, dass wir uns liebten. Und so lebte die Liebe zwischen den Worten, die wir miteinander sprachen, nicht in denselben.[102]

Was da zwischen zwei jungen Menschen hin und her ging, auf heute kaum noch nachvollziehbare Weise von Feingefühl und Takt geschützt: Ist es nicht ein Vorbild für unseren Umgang mit den Inhalten anthroposophischer Esoterik? Ita Wegman, als sie wie kaum jemand anders in unserer Bewegung von tragischen Missverständnissen, aber auch von Intrigen und Hass an den Rand des Geschehens gedrängt und aufs Äußerste gedemütigt war, hielt streng an den alten Formen des Geheimnisses, wie sie in der Freien Hochschule für Geisteswissenschaft eingeführt waren, fest, obwohl sie doch allen Grund dazu gehabt hätte, sich davon loszusagen. Zugleich aber gab sie ihren ursprünglichen Führungsgestus auf, wartete in Geduld auf alles, was ihr aus einem neu entdeckten Umkreis-Bewusstsein heraus zu einem neuen wirksamen Geheimnis werden würde.[103]

Mit der Veröffentlichung der Hochschul-Texte im Jahre 1992 ist ein unvermeidbarer irreversibler Schritt in der Profanierung heiliger Geheimnisse geschehen. Wer dieses historische Ereignis im Zusammenhang mit der hier skizzierten Entwicklung der sozialen Verhältnisse in der anthroposophischen Bewegung zu sehen vermag, wird aber deshalb nicht zu resignieren brauchen. Die Geheimnisse der Anthroposophie gehen einer umfassenden Erneuerung entgegen, außerhalb der Rudolf Steiner Gesamtausgabe (wenn auch in hilfreichem Zusammenhang mit ihr), auf der Grundlage völlig individueller Initiative und des ständigen Bemühens um den „Zusammenklang der Empfindungen", auf die uns Rudolf Steiner so eindringlich hingewiesen hat. In der zweiten Lehrstunde der Freien Hochschule für Geisteswissenschaft hat Rudolf Steiner das, worauf es ankommt, mit einer gewichtigen Nebenbemerkung aufschlussreich hervorgehoben. Im Rückblick auf die Weihnachtstagung, die erst wenige Wochen zuvor die Herzen der Zuhörer mit überwältigender Begeisterung erfüllt hatte, weist er seine Schüler darauf hin, wie schnell solche Eindrücke vergessen werden. Und mahnend fügt er hinzu:

Daher wäre es gut, wenn jeder Einzelne, der der Klasse angehören will, sich sagte: Gibt es nicht für mich etwas, was ich tun kann — jetzt nachdem die Anthroposophische Gesellschaft neu begründet worden ist —, anders als ich früher die Dinge getan habe? Könnte ich nicht etwas Neues einführen in mein Leben als Anthroposoph? Könnte ich nicht abändern die Art, wie ich früher gewirkt habe, dadurch, dass ich irgendein einzelnes Neues einfüge?[104]

„Irgendein einzelnes Neues"! Er gibt nicht an, was das sein soll. Die „Lehre" tritt ganz zurück. Alle Hoffnung des Eingeweihten, der doch sagen könnte, was zu geschehen hat, richtet sich auf die individuelle Produktivität seiner Schüler.

Es zeichnet sich schon jetzt deutlich ab, dass Rudolf Steiners strenge Forderung an seine Schüler, die „denkbar größte Öffentlichkeit zu verbinden mit echter, wahrer Esoterik",[105] kein unlösbares Paradoxon darstellt, sondern eine lösbare Übungsaufgabe. Wo sie gelöst wird, kann sich die produktive *Philosophie über den Menschen* entfalten, die Rudolf Steiner in seinem Buch „Von Seelenrätseln" vorausgesehen hat: aus dem Zusammenwirken von *Anthroposophie* und *Anthropologie*, aus dem vom Dogma befreiten, ergebnisoffenen Gespräch, von dem erhofft werden darf, dass es die Bildung produktiver Geheimnisräume im anthroposophischen Leben nicht bedroht, sondern mit rationalen Argumenten schützt und trägt.

7.
Anthroposophie als Religion: Wirkungen einer Lebensform [106]

Kürzlich wunderte sich der bekannte Journalist Thomas Steinfeld in der *Süddeutschen Zeitung* über die Intensität des inneranthroposophischen Streits um die neue Kritische Ausgabe von Schriften Rudolf Steiners. Die Heftigkeit des Konflikts bezeuge, „dass man es hier immer noch, im religiösen Sinne, mit Glaubenstexten zu tun hat".[107] Demnach — so sieht es der durchaus wohlwollende außenstehende Betrachter — wäre das Werk Rudolf Steiners zunächst im Modus einer Glaubenslehre aufgefasst und in die Praxis umgesetzt worden, obwohl es womöglich auch ganz anders hätte verstanden werden können. Und so scheint es in der Tat gewesen zu sein. Steiner selbst machte sich in diesem Punkt nichts vor. Das *Wissen*, um das es in der Anthroposophie gehe, so sagt er vor dem werdenden Priesterkreis der Christengemeinschaft noch im September 1921, sei „für die Majorität derjenigen, die sich heute für Anthroposophie ganz intensiv interessieren, noch nicht vorhanden". Eine Art „religiöses Gefühl, ein religiöses Empfinden" bringe zahlreiche Menschen dazu, die Anthroposophie „auf Treu und Glauben" aufzunehmen und nicht im Modus des bewussten Erkennens, „wie der Botaniker die Botanik durchschaut".[108]

Für gestandene Anthroposophen, die sich viel darauf zugute halten, dass die Lehre Rudolf Steiners kein bloßer Glaubensinhalt sei, sondern wissenschaftlich abgesicherte Forschungsergebnisse vertrete, mag das eine irritierende Einsicht sein. Sie hat aber durchaus nichts Überraschendes und auch nichts Anstößiges an sich. In der spirituellen Finsternis, die sich im Laufe des neunzehnten Jahrhunderts über die zivilisierte Welt ausgebreitet hatte, war Anthroposophie für suchende Seelen primär ein überwältigendes Offenbarungserlebnis. Sie warf ein befreiendes Licht auf die düstere Landschaft materialistisch — positivistischer Erzählungen von der Sinnlosigkeit des Weltgeschehens, sie war bezaubernd schön, sie bot neue Perspektiven für eigenverantwortliches Handeln auf allen Berufsfeldern. So konnte sie ohne viel Nachdenken tätig ergriffen werden. Nie wären die ersten Schüler Rudolf Steiners so unbefangen und energisch an die Arbeit gegangen, wie sie es in den armseligsten Lebensverhältnissen, in Kriegs- und Notzeiten erfolgreich getan haben, nie hätten sie auf allen Lebensfeldern so fruchtbare Institutionen begründet und Reformgedanken ausgebreitet, wenn sie allein aus der Perspektive kritischer Distanz, die inzwischen unentbehrlich geworden ist, hätten handeln müssen. Dass Anthroposophie in der Aufbauzeit von der Mehrheit ihrer Befürworter als Religion praktiziert worden ist, war womöglich die entscheidende Voraussetzung für ihren Erfolg. Sie konnte sich dadurch viel schneller ausbreiten als durch gelehrte Vorträge oder langwierige Ausbildungsprozeduren.

Zugleich aber bildete sich dadurch in wenigen Jahren, schon zu Lebzeiten Steiners, ein warmer, anheimelnder

Binnenraum, der durch eigene Sprachformen, Leitbilder, Gewohnheiten, Rituale stabilisiert wurde und Schutz bot vor den Zumutungen einer problematischen Umgebung, die schnell und gern als „Außenwelt" bezeichnet wurde, eine Welt, die offensichtlich einseitig und in schädlicher Weise von „äußerer Wissenschaft" organisiert und gesteuert wurde, von Kräften, die als bedrohlich und bald auch als feindlich erlebt wurden. Es geriet dabei in Vergessenheit, wenn es überhaupt schon bemerkt worden war, dass Steiner in seiner wissenschaftstheoretisch zentralen Schrift „Von Seelenrätseln" von 1917, die das Verhältnis anthroposophischer Geistesforschung zur empirischen Forschung der üblichen Art aus seiner Sicht beschreibt, von einer ergebnisoffenen „Philosophie über den Menschen" spricht, an deren Aufbau und Weiterentwicklung beide Forschungsrichtungen einvernehmlich zusammenwirken könnten. Nie hatte er im Sinn, das etablierte Weltbild durch ein neues zu *ersetzen*. Es ging ihm darum, dies Weltbild in geduldigem Gespräch mit Andersdenkenden zu *erweitern* und zu *verwandeln*. Er hoffte darauf, dass Anthroposophie, die Wissenschaft vom Geist, und Anthropologie, die von Sinnesdaten ausgehende Wissenschaft, obwohl sie zunächst völlig gegensätzliche Diskursfelder darstellen, sich bei geduldiger Bemühung bis in jede Einzelheit miteinander kompatibel erweisen würden, wie eine positive und eine negative Fotoplatte.[109] Ein vorurteilsloses Gespräch mit offenem Ausgang strebte er an, nicht die Durchsetzung von vornherein gültiger Wahrheiten.

„Wir waren die Eigentlichen"

Hierauf Rücksicht zu nehmen hatte die erste Generation der Schüler Rudolf Steiners, von wenigen Ausnahmen abgesehen, keine Zeit und wenig Neigung. „Wir waren die Eigentlichen", sagt Jürgen Schürholz, einer der maßgeblichen anthroposophischen Ärzte, im Rückblick und mit humoristischem Unterton, über elitäre Stimmungen bei den seinerzeit berühmten medizinischen Fachtagungen auf der Comburg bei Schwäbisch Hall. „Das war ein herrlich warmes Wir-Gefühl. In dem Maße, wie wir begriffen, dass Anthroposophie nicht nur für die eigene Wärmebildung da ist, sondern für die Welt, konnte sich das nicht erhalten. Um sich zu finden, war es sicher nötig."[110] Noch heute wird in weiten Teilen der anthroposophischen Bewegung der warme Binnenraum von einst weiter behütet und gepflegt. Stellenweise fühlt man sich bei uns wie in einer Wagenburg, gefährdet und von Feinden umgeben, aber doch geborgen in Gemeinsamkeit, auf dem Weg zu einem fernen Ziel.

Nun versteht es sich fast von selbst, dass in einer Gemeinschaft, die auf der Basis von „Treu und Glauben" arbeitet, Fragen nach der gemeinsamen *Wahrheit* eine maßgebliche Rolle spielen. Diese Wahrheit zeigt sich für den religiösen Anthroposophen zunächst in den Aussagen Rudolf Steiners, obwohl dieser selbst sich energisch gegen bloße Autoritätshörigkeit verwahrt hat. In den Vorträgen über die „okkulte Bewegung im neunzehnten Jahrhundert" spricht er über die verfehlte „Bindung des freien Willens in das visionäre Hellsehen hinein", auch über Fatalismus, und das Verhältnis solcher Bindungen zur „achten Sphäre". Es überrascht dabei, dass er in diesem Zusammenhang auch die gläubige Bindung an ihn selbst, den geistigen Lehrer, als schädlich charakterisiert. „Und wenn der oder jener gesagt hat: Der Doktor hat gesagt, dass es gemacht werden soll —, dann bedeutet das, dass ein solcher den freien Willen fremden Einflüssen überliefern wollte, dass er ihn nicht durch sich, sondern durch etwas anderes bestimmen lassen wollte; er wollte, der andere solle in die physische Welt eine Geneigtheit tragen, den freien Willen binden zu lassen."[111] Was veranlasst ihn, seine eigene Autorität, der sich seine Schüler in dem Gefühl dankbarer Verehrung unterzuordnen bereit sind, so entschieden in Frage zu stellen? Nicht zuletzt tut er das doch wohl deshalb, weil aus dem naiven, nur allzu schnell geläufigen „der Doktor hat gesagt" nur allzu bald ein Suchen nach zuverlässiger Auslegung des Mitgeteilten wird, nach absolut gültiger Wahrheit, und damit ein sicherer Weg in Zank und Streit, wie sie in allen Glaubensgemeinschaften der Weltgeschichte anzutreffen waren und sind. Und in dem gleichen Maße, wie die Angst vor den Gefahren der „Außenwelt" zunimmt, wächst die Tendenz zur Verfestigung der entstandenen Konflikte, zur Fanatisierung der Emotionen, zu fundamentalistischen Grabenkriegen. Oft wird dann auch gar nicht mehr um „Angaben" des Geistesforschers gestritten, sondern um sehr persönliche Phantasievorstellungen, wie sie nach dem Tode Steiners über dessen Nachfolge, sein mögliches Wiedererscheinen, sein Wirken im „esoterischen Vorstand" zu Tage getreten sind. (Das Oberhaupt der katholischen Kirche, deren interne Debatten zuweilen wie Spiegelbilder der Probleme anthroposophischer Glaubensgemeinschaften erscheinen, sprach kürzlich angesichts gewisser Missstände im Vatikan von „spirituellem Alzheimer, der zu Abhängigkeit von oftmals selbst konstruierten Glaubensüberzeugungen führe".[112])

Soviel wir auch der warmherzigen Religiosität der anthroposophischen Gründergeneration und ihrer engagierten Nachfolger verdanken, so erscheint es doch unerlässlich, nicht darüber hinwegzusehen, dass die sozialen Begleiterscheinungen dieser Religiosität uns in die Gefahr bringen, nicht nur von außen als Sekte denunziert zu werden, sondern den Impuls Rudolf Steiners durch unser eigenes Verhalten ins Sektenhafte abzudrängen. Tendenzen in dieser Richtung, wie sie neuerdings wieder verstärkt zu Tage treten, sind keineswegs neu. Sie bestanden schon während der ersten Aufbauzeit im Rahmen der Theosophischen Gesellschaft. Rudolf Steiner hat sie dann in den schmerzhaften Klärungsprozessen nach dem Goetheanumbrand, im Jahre 1923, wiederholt beschrieben und im Kreis seiner treuesten Mitarbeiter mit schonungsloser Offenheit kritisiert, besonders in manch einer von den endlosen Sitzungen des sogenannten „Dreißigerkreises" in Stuttgart. Diesen Kreis ermahnt er dazu, anthroposophische Gäste, die von auswärts kommen, aufmerksamer zu behandeln. Vom „Sitzen auf kurulischen Stühlen" spricht er da, von der mangelnden Fähigkeit, begabte Mitarbeiter zu integrieren („Talente muss man in den Dienst der Sache stellen, nicht sie abstoßen. [...] Talente sind oft höchst unbequeme Wesenheiten" [113]). Den verantwortlichen Amtsträgern wirft er vor, nicht hinreichend auf die Bedürfnisse und Anliegen der Gäste einzugehen, die ratsuchend und mit dem Willen zur Kooperation nach Stuttgart kommen.

Die Leute fühlen sich, wenn die Stuttgarter Herren mit ihnen reden, wie ausgeleert und ichlos. Nun, nicht wahr, das hängt mit dem zusammen, dass nun wirklich sich in Stuttgart ein „System" herausgebildet hat, dass nämlich die Leute hier wie in einer Festung mit hohen Mauern leben und nicht wissen, was unter den Menschen vorgeht, die zur Gesellschaft gehören. Sie reden von der inneren Seite der Festung heraus, ohne sich um dasjenige zu kümmern, was vorgeht in der Anthroposophischen Gesellschaft; und die Leute, die herkommen, die haben dann das Gefühl, dass sie nicht angehört werden, wenn sie mit ihren Erfahrungen kommen; sie haben das Gefühl, dass sie überhaupt nicht angehört werden.[114]

Bald darauf charakterisiert er mit ähnlichen Worten das Verhältnis der maßgeblichen Mitarbeiter zur nichtanthroposophischen Außenwelt:

Vieles ist — gerade von den führenden Persönlichkeiten — durch den Fanatismus und durch die Engherzigkeiten, die da walteten, dazu beigetragen worden, Leute abzustoßen, deren Mitarbeit wir sehr nötig hätten. [...] Es war keine Neigung vorhanden, sich mit der Welt auseinanderzusetzen. Und auseinandersetzen muss man sich mit der Welt, wenn man ihre Mitarbeit, nicht ihre Gegnerschaft haben will.

Deshalb werde es auch immer schwerer, Lehrer für die Waldorfschule zu finden. „Warum? Weil die Einkapselung System geworden ist."[115]

Der Kern dieses Problems scheint nicht auf der Ebene des Argumentierens oder einer Sprachregelung zu liegen, sondern im Bereich halb bewusster zwischenmenschlicher Empfindungen und Gewohnheiten. Albert Steffen, der als Redakteur der Goetheanum-Wochenschrift auf einen sensiblen Umgang mit seiner Leserschaft zu achten hat, schlägt deshalb vor, wohl halb im Scherz, „so eine Art anthroposophischen Knigge über den Umgang mit Anthroposophen" zum Thema eines ganzen Vortragszyklus zu machen, und Rudolf Steiner greift das, nur halb im Scherz, gern auf. Von vielen Seiten habe er gehört:

> *Ja, Anthroposophie, das wäre schon ganz schön, aber der Gesellschaft treten wir nicht bei. Und wenn man dann fragt: Ja warum denn nicht? Dann heißt es: Na diese Gesellschaft entbehrt doch der Menschenfreundlichkeit; und dazu sind die Leute, die drinnen sind, so sonderbar hochmütig.*[116]

Höflichkeit sei durchaus als Tugend aufzufassen, und bei einem Gespräch darüber „würde manches von dem herauskommen, warum die Anthroposophische Gesellschaft in vieler Beziehung so abgeschlossen bleibt."[117]

Wenige Wochen später, bei der internationalen Delegiertenversammlung der Anthroposophischen Gesellschaft im Juli 1923, hebt er das symptomatische Bild vom Februar noch einmal betont hervor:

> *In einer gewissen Beziehung ist alles dasjenige, was mit Anthroposophie zusammenhängt, wie in einer belagerten Festung. Und denken Sie darüber nach, welche Ideen die Menschen bekommen, wenn man einem so äußerlich sagt: Geht hinein in eine belagerte Festung.*[118]

Im Lauf des Sommers nähert sich die anthroposophische Bewegung der großen Weihnachtstagung zur völligen Erneuerung ihrer Arbeitsformen. Rudolf Steiner reist nach Norwegen, nach Österreich, nach England und Holland, und wieder kommt er auf das gravierende Problem einer Tendenz zu sektenhafter Abgeschlossenheit zurück. Besonders deutlich geschieht das bei der Sommertagung in Penmaenmawr (Wales), der festlichen Zusammenkunft, in deren Verlauf auf die Frage Ita Wegmans nach einer erneuerten Mysterien-Medizin die Idee der *Freien Hochschule für Geisteswissenschaft* mit neuer Kraft aufleuchtet. Bei einer Ansprache über die Zukunft der Anthroposophischen Gesellschaft in England sagt Rudolf Steiner dort:

Die anthroposophische Bewegung kann sich eigentlich nicht so ausbreiten wie irgendeine andere Bewegung durch die äußere Organisation oder durch die Organisation der Form. Denn derjenige, der einfach als ein für das geistige Leben interessierter Mensch der Gegenwart von der anthroposophischen Bewegung im allgemeinen hört und dann sich die Frage vorlegt: Soll ich mich beteiligen an dieser anthroposophischen Bewegung? —, der wird zunächst sehr häufig sich daran stoßen müssen, dass es so aussieht, als ob die anthroposophische Bewegung gewisse Dogmen in sich trüge, zu denen man sich bekennen müsse, als ob sie forderte, dass man sich zu diesen oder jenen Sätzen geradezu, ich möchte sagen, mit seinem Namen verschreiben müsste. Oftmals hörte man aus dem Schoße der Anthroposophischen Gesellschaft heraus: Ach, der — oder die — kann ja doch nicht als ein richtiger Anthroposoph angesehen werden, denn sie hat — oder er hat — über dieses oder jenes Ding das eine oder andere gesagt! — Dann sieht es so aus, als ob die anthroposophische Bewegung irgend

etwas zu tun habe mit einer Rechtgläubigkeit oder überhaupt einer
Gläubigkeit. Und gerade das schadet am allerallermeisten einer rein
geistigen Bewegung, wie es die anthroposophische sein will.

Dem gegenüber sei „eine möglichst große Weitherzigkeit" zu fordern. Um dem verbreiteten Eindruck des Sektenhaften zu begegnen, habe er ein paar Tage zuvor in Ilkley gesagt: „Ich selber möchte am liebsten alle acht Tage für die Bewegung, um die es sich handelt, einen anderen Namen haben!"[119] Und dann weiter:

Dasjenige, was wir heute brauchen, ist ein unmittelbares
Hineinarbeiten ins Leben, ein Sehen dessen, was in den Menschen ist
und sein kann. Und diesen Unterschied der anthroposophischen Bewegung gegenüber anderen Bewegungen, den müsste man sich bestreben,
der Welt klar zu machen: ihr Umfassendes, ihr Unvoreingenommenes,
ihr Vorurteilsloses, ihr Dogmenfreies: dass sie bloß eine Versuchsmethode des allgemein Menschlichen und der allgemeinen Welterscheinungen sein will.[120]

Man spürt, wie das alles aus tiefster persönlicher Betroffenheit gesagt wird, mit Hoffnung auf eine umfassende Wende, aber auch am Rande völliger Verzweiflung. Etwas milder klingt im November 1923, wenige Wochen vor der Weihnachtstagung, die warnende Bemerkung beim Bericht über die Gründung der holländischen Landesgesellschaft, „dass eigentlich die Anthroposophische Gesellschaft so ein bisschen eine ausgebreitetere Familie sein möchte, die sich absperrt gegen die Außenwelt."[121]

Wir schützen uns gegen die mit allen diesen Hinweisen, Beschwörungen, Warnungen charakterisierten Gefahren, indem wir uns davor hüten, die Geistesgaben Rudolf Steiners, die wir aus dem unerschöpflichen Reichtum seines Nachlasses und aus ehrwürdigen Traditionen aufgenommen haben, mit eigenen Beobachtungen, Intuitionen, Einsichten zu verwechseln. Nur was wir uns selbst erarbeitet haben, ist Anthroposophie im Sinne der zitierten kritischen Bemerkung Steiners über die begrenzte Reichweite einer Anthroposophie „auf Treu und Glauben".

In welchem Verhältnis steht denn nun aber die *geglaubte* Anthroposophie zu der *eigenverantwortlich* erworbenen, die wir durchschauen — um bei dem erwähnten Beispiel Rudolf Steiners zu bleiben — „wie der Botaniker die Botanik durchschaut"? „Wir erstreben ein sicheres Wissen", heißt es in der *Philosophie der Freiheit*, „aber jeder auf seine eigene Art".[122] Damit ist ein wichtiger Unterschied gekennzeichnet. Die überwiegende Mehrzahl unserer Mitmenschen, und auch wir selbst, wenn wir uns unbefangen anschauen, vertrauen auf die Kompetenz der Experten wissenschaftlicher Forschung. „Die Wissenschaft hat festgestellt": Dieser Satz, obwohl längst in seiner nur relativen Gültigkeit kritisch anfechtbar,[123] flößt uns im Alltag immer noch Respekt ein, und wir sehen gewöhnlich keinen Anlass, das damit Bekräftigte durch eigene Bemühung nachzuvollziehen, zu bestätigen oder zu verwerfen. Eben dies aber tut der Botaniker, der ein Phänomen der Pflanzenwelt selbst „durchschaut", es durch eigene Wahrnehmungen verifiziert, oft auch ganz anders sieht oder interpretiert als der Experte, von dem er es zu sehen gelernt hat. Und das Gleiche verlangt von uns Steiners Anthroposophie, wenn wir sie nicht nur „auf Treu und Glauben" annehmen wollen.

Geschehen kann das auf hohem theoretischem Niveau. Dann werden wir, wie es die kritische philologische Forschung heute verlangt, die Äußerungen eines Autors nicht vorschnell auf der Basis seines Selbstverständnisses interpretieren, so wie die ältere anthroposophische Forschung das Werk Rudolf Steiners auf Grund von dessen Darstellung in der Autobiografie *Mein Lebensgang* beleuchtet, sondern so, wie sie sich in den Stufen ihrer Entfaltung im historischen Kontext zeigen. Wir werden dabei traditionelle Vorstellungen, die wir lieb gewonnen haben, der kühlen Ernüchterung zu opfern haben, die im Prozess der distanzierten Beschreibung durch den geschulten historischen Beobachter eintreten kann. Was dabei übrig bleibt, wird womöglich emotional weit weniger befriedigend sein als das Althergebrachte. „Was ich besitze, seh' ich wie im Weiten, und was verschwand, wird mir zu Wirklichkeiten", dies vieldeutige Wort Goethes[124] charakterisiert auch den Werdeprozess historisch-kritischer Forschung.

Wo dieser Werdeprozess inzwischen in Gang gekommen ist, stößt er auf den beharrlichen Widerstand religiös orientierter Anthroposophen. Man kann das verstehen. Wer Anthroposophie primär als überwältigende Offenbarung erlebt, muss sich tief beunruhigt fühlen von der Vorstellung, dass dies grandiose Geschenk der geistigen Welt sich noch weiter entwickeln und sich dabei womöglich auch verändern könne. Und ebenso schwer erträglich muss ihm der Gedanke sein, dass sich auch der große Überbringer dieses Geschenks entwickelt habe, dass ihm nach und nach Erkenntnisse aufgegangen seien, über die er anfangs nicht verfügt habe. Deshalb stieß Christoph

Lindenberg schon im Jahre 1970 mit seiner kleinen Schrift über Rudolf Steiners Zugang zum Christentum auf wütende Kritik.[125] Und wo die Argumente fehlten, wurde er tabuisiert. Zum Teil bis heute. Ähnlich erging es ihm mit seinem bahnbrechenden biografischen Grundlagenwerk von 1997, das besonderen Wert darauf legte, statt des erhabenen Weisheitslehrers den fragenden, suchenden, in fortwährender Weiterentwicklung lebenden Menschen Rudolf Steiner sichtbar zu machen.[126] Auch die hieran anschließenden Forschungen von Lorenzo Ravagli und Günter Röschert[127], von Jörg Ewertowski und David Marc Hoffmann[128] und auch die aufschlussreichen Kommentare von Christian Clement in der neuen Kritischen Ausgabe von Werken Rudolf Steiners (SKA) werden vielerorts nur widerwillig zur Kenntnis genommen und gern tabuisiert.

Wie steht es nun aber im Umgang mit der Pflanzenwelt auf einem theoretisch weniger anspruchsvollen Niveau? Der engagierte Botaniker *lernt* zunächst. In dem Maße, wie er das Gelernte zurückzustellen vermag und selbstständig beobachtet, *sieht* er auch. Eine Vielzahl von Liebhabern, man denke nur an die leidenschaftlichen Schmetterlings- und Vogelkundler, die erfahrenen Wetter-Experten unter den Volksschullehrern älterer Zeiten, oder auch an die vielen ökologisch engagierten jungen Leute der Gegenwart, die ihre gesamte Freizeit in geduldiges Beobachten, Hegen und Pflegen seltener Naturerscheinungen investieren: Sie alle gewinnen ihre Kompetenz, ihr „sicheres Wissen", auf ganz „eigene Art".

Ähnlich individuelle Forschungswege geht der übende Anthroposoph. Die Phänomene, denen er dabei begegnet, entziehen sich zunächst in hohem Maße der Besprechbarkeit. Sie bedürfen des Schutzes im intimen Geheimnisraum der übenden Seele. Deswegen scheuen ernsthaft engagierte Schüler Rudolf Steiners mit Recht den Zugriff jeder auf Objektivität zielenden Wissenschaftlichkeit.[129] Arthur Zajonc löst die darin liegende Schwierigkeit durch seine geniale Formel vom Meditieren als einem „besonnenen Nachfragen".[130] Und viele andere Auffassungsmöglichkeiten bieten sich dazu inzwischen an.[131] Immer geht es dabei um Modalitäten stiller Aufmerksamkeit, mit denen der Einzelne sich in unerforschte Regionen der Welt und seiner Seele vortastet, „jeder auf seine eigene Art". Das so erlangte „Wissen" hat nichts Zwingendes an sich. Aber wo darüber in geeigneter Form ein Austausch im Gespräch stattfinden kann, öffnet es die Augen für Andere. Bis hin zu der gemeinsamen Aktivität des „Erwachens am anderen Menschen", dem Rudolf Steiner in der Brandnacht von 1922/23 den hohen Namen eines „kosmischen Kultus" gegeben hat.

Auf dem Wege dahin kann es hilfreich sein, wenn man bemerkt, dass etwas selbst Beobachtetes mit „Angaben" Rudolf Steiners zu tun hat. „Ach, so hat er das gemeint!" Dieses überraschende Erlebnis, an das sich jeder ernsthaft übende Anthroposoph erinnern wird, sichert die Beobachtung nicht durch logische Verknüpfung, sondern durch authentisches Erleben. In vergleichbarer Nüchternheit. Der Philosoph und Priester der Christengemeinschaft Diether Lauenstein wies die jungen Adepten der Anthroposophischen Studentengruppe in Tübingen auf den „Hüllenzyklus" hin, die Vortragsreihe, in der Rudolf Steiner in anregender Weise über Ernährung und

Genussmittel spricht, über Fleischnahrung, Milchprodukte, Obst-und Körner-Diät, Tee, Kaffee und nicht zuletzt Alkohol, vor allem aber über feinere Wirkungen auf Leib und Seele, die der übende Anthroposoph an sich beobachten kann und die zeitweilig unangenehm sein können: eine übermäßige Empfindlichkeit gegen körperliche Beschwerden oder Umweltreize zum Beispiel.[132] Jeder Anthroposoph, meinte Lauenstein, sollte das Buch einmal im Jahr lesen. Er empfahl das als eine Art Test für den Fortschritt auf dem Übungsweg.

Wer Anthroposophie im Sinne des hier Dargestellten als selbst verantworteten Weg zu individueller Beobachtung zu praktizieren versucht, einen Weg, der streckenweise auch durch Einsamkeiten führen kann, wird den inhaltlichen Reichtum der *Rudolf Steiner Gesamtausgabe* nicht gering schätzen und ebenso wenig die daran anknüpfenden ehrwürdigen Traditionen. Auch hat er keinen Anlass, auf anthroposophische Freunde, die sich von seiner Auffassung bedroht fühlen, überheblich herabzuschauen. Was er tut — um die bekannte Formel Rudolf Steiners zu gebrauchen — „stört niemandes religiöses Bekenntnis", also auch nicht die Vorstellungswelt derer, die Anthroposophie „auf Treu und Glauben" annehmen und praktizieren. Man braucht davor keine Angst zu haben.

Wir werden in unserer anthroposophischen Bewegung wohl noch für längere Zeit miteinander auskommen müssen: auf der einen Seite Menschen, die Anthroposophie „auf Treu und Glauben" annehmen und ihr Leben danach einrichten, so, wie die aus einer kodifizierten Vorstellungswelt und ehrwürdigen Traditionen herausgewachsene, *gewordene*

Geisteswissenschaft es ihnen vorschreibt, und auf der anderen Seite solche, die gelernt haben, die Inhalte der Rudolf Steiner Gesamtausgabe als geniale *Entwürfe* aufzufassen, als eine *werdende* Geisteswissenschaft, ein grandioses Provisorium, das erst durch individuelle Aktivität den von seinem Inaugurator gemeinten Boden der Wirklichkeit erreicht. Was daraus wird, bleibt abzuwarten. Jedenfalls brauchen wir keinen Krieg miteinander zu führen.

Anhang

„Geschichtliche Symptomatologie" im Sinne Rudolf Steiners (Eine Skizze, 1982)

Nach verbreiteter Auffassung ist Rudolf Steiners „Geschichtliche Symptomatologie" ein idealistisch-morphologisches Verfahren, das sich von anderen historischen Methoden dieser Art im Wesentlichen nur durch die Einbeziehung von Ergebnissen übersinnlicher Forschung unterscheidet.[133] Diese Ergebnisse führen zu einer vertieften Deutung des Geschichtsverlaufs. Das „Typische" oder „Charakteristische" wird aus der Fülle beziehungslosen historischen Materials herausgehoben und mit Hilfe der Einsicht in die okkulten Hintergründe zum Gesamtbild eines sinnvoll geordneten Evolutionsprozesses konsolidiert. Der Geistesforscher weiß, was jenseits der Schwelle wirkt. Er erzählt uns davon, und wir haben dadurch die Möglichkeit, das eine oder andere historische Faktum als „Symptom" für den zugrunde liegenden übersinnlichen Vorgang zu verstehen. Die Gesamtheit solcher „Symptome" gäbe uns dann objektive historische Wahrheit, wie der Geistesforscher sie hat.

Es lässt sich zeigen, dass diese Auffassung, entgegen den Intentionen Rudolf Steiners, in überlebte Denkformen des vierten nachatlantischen Zeitalters zurückfällt. Das vierte Zeitalter sucht Systeme, verbale Definitionen, den ewig gültigen, festen Standpunkt. Sein wichtigstes Erkenntnisverfahren

ist das logische Schließen, sein Schulungsmittel die „Wahrheit"
(Vortrag vom 22.10.1909, GA 58). Das fünfte Zeitalter sucht
wechselnde Aspekte, den Übergang ins wortlose Schauen, den
nur relativ gültigen, bewegten Standpunkt. Sein wichtigstes
Erkenntnisverfahren ist das übende Verweilen an den Grenzen
des Erkennens (GA 21), sein Schulungsmittel die „Andacht"
(28.10.1909, GA 58). Von diesem Gesichtspunkt aus versuchen
wir Rudolf Steiners Erkenntnisverfahren des „Symptomatologisierens" zu verstehen.

Der Begriff taucht bei ihm relativ spät auf, nämlich
in den Jahren 1916 bis 1918.[134] Zentral dabei ist die Einsicht,
dass der Strom des geschichtlichen Werdens im *Traum*bewusstsein verläuft und dass die Vorstellungen unseres wachen
Tagesbewusstseins nicht geeignet sind, diesen Strom zu fassen.
„Geschichte wird geträumt" (14.3.1918, GA 67). Sie wird künftig
durch übersinnliche Erkenntnis fassbar werden, durch Inspi-
ration (7.11.1917, GA 7; 14.2.1918, GA 174a), durch Imagination
(14.3.1918, GA 67). Unserer gegenwärtigen, noch nicht zu höheren Fähigkeiten entwickelten Bewusstseinslage angemessen ist die symptomatologisierende Methode. Diese hat nun
aber offensichtlich nichts mit einer Übertragung des realen
geschichtlichen Prozesses, des „Traumes", in sinnlich vorge-
stellte „Objektivität" zu tun, wie sie gewöhnlich im Geschichts-
bild der Anthroposophie gesucht wird.

Rudolf Steiner scheint es schwer zu fallen, den gemeinten Erkenntnisvorgang eindeutig zu beschreiben. Es geht
dabei nicht um Kausalzusammenhänge, sondern um „Lichter",
„Streiflichter" (28.3.1916, GA 167), um „Punkte im Leben", die

in der richtigen Art zusammengeschaut werden müssen (18.11.1916, GA 172), um Gefühle und Willensimpulse, die aus dem Traum- und Schlafleben „heraufschlagen wie Wogen" (7.11.1917, GA 73; ähnlich 18.10.1918, GA 185). Das „Spintisieren", „In-den-Begriff-Hereinbringen" ist schädlich für das angestrebte Verständnis. Notwendig ist „jene Ehrfurcht, die darin besteht, dass wir in richtigem Maße ‚im Bilde' bleiben können" (18.7.1916, GA 169). Einsichten, die auf dem Wege des Symptomatologisierens gefunden werden, lassen sich nicht ohne Weiteres übermitteln. Das Mitgeteilte, „eine gewisse Aneinanderreihung von Bildern", kann erst „nach und nach" durch die persönliche innere Arbeit des Aufnehmenden auf dem Wege der Meditation in angemessene Vorstellungen übergeführt werden (18.9.1916, GA 171; ähnlich 17.4.1917, GA 175). Auf die Offenheit, die Unabgeschlossenheit der Vorstellungen kommt es an. „Wenn man Symptome charakterisiert, muss man niemals pedantisch fertig werden wollen, sondern immer einen unaufgelösten Rest lassen, sonst kommt man nicht weiter" (19.10.1918, GA 185).

Schon mit diesen wenigen Hinweisen wird deutlich, dass es sich beim Symptomatologisieren nicht um einen objektivierbaren bloßen Erkenntnisprozess, sondern um einen Prozess des persönlichen Lebens handelt. Das Herstellen historischer Wahrheit ist nicht abzulösen vom Verlauf des persönlichen Schicksals. Und damit kommen wir zu der entscheidendsten, erstaunlicherweise (soweit wir sehen) noch nirgendwo in ihrer Wichtigkeit gewürdigten Komponente des Steiner'schen Symptomatologie-Begriffs. Sie erscheint am deutlichsten in den „Zeitgeschichtlichen Betrachtungen" von 1917. Dort heißt es:

> Wie kommt es denn, dass eine Geschichtsbetrachtung unter uns Platz greift, welche weit auseinander liegende Einzelheiten zu einem Gesamtbilde zusammenzufassen versucht? Vulgärer gefasst würde die Frage, wenn jemand sie an mich stellte, so lauten können: Wie kommen Sie dazu, gerade diese Dinge, die für die Ereignisse der Gegenwart als charakteristisch gelten müssen, zu wissen und im Leben so aufgesammelt [!] zu haben? ... Man erlangt im Verlaufe seines Lebens Kenntnis von solchen Dingen, wenn es das Karma so mit sich bringt, und wenn man dem Karma einen wirklich aufrichtigen, wahrheitsgemäßen Lauf lässt.

Ein „freies Anschauen" sei auf diesem Wege zu erreichen, das durch nichts so sehr getrübt werde wie durch das, „was man heute geschichtliche Methode nennt". Habe man den „freien Blick" erworben, dann trage einem „der Strom der Welt das zu, was zum Verständnis notwendig ist" (13.1.1917, GA 174). Dreierlei erscheint hier als kennzeichnend: der Verzicht auf die logisch herbeigeführte Kausalverknüpfung, die Herstellung einer Seelenstimmung spannungsloser Gelassenheit im Warten auf den imaginativen Zusammenhang der „Symptome", schließlich das Auftreten der Einsicht als Gabe des persönlichen Schicksals.

Zu untersuchen wäre der Zusammenhang dieser Eigenarten des Symptomatologisierens mit den ein gutes Jahr später bei Steiner auftretenden Hinweisen auf das Ausbilden eines Gefühls für das „Abbrechen von veranlagten Geschehensketten" und die über das Leben ausgebreitete „Atmosphäre von Möglichkeiten" als Grundlage einer erkenntnisfördernden Stimmung des „Vertrauens zum Leben" (5. und 26.3.1918, GA 181).

Vor allem aber erhellt sich von hier aus der begriffliche Zusammenhang des historischen „Symptoms" mit dem „Symptom" der anthroposophisch aufgefassten Heilkunst. Der im Sinne Rudolf Steiners wirkende Arzt heilt aus intuitiver Einsicht in einmalige Schicksalslagen. Er diagnostiziert nicht mit dem Ziel wissenschaftlicher Objektivität durch Rückbeziehung des einzelnen Symptoms auf definierte Krankheitsbilder, sondern mit dem Willen zu individueller („subjektiver") Heilwirkung. Dabei entwickelt er einen Sinn für den Gesamtzusammenhang der Weltprozesse, den „Natursinn" der Jungmedizinerkurse von 1924. Etwas Vergleichbares tut im Verhältnis zu seinem persönlichen Schicksal der im Sinne Rudolf Steiners historisch Erkennende. Deswegen werden in den bekannten Vorträgen von 1918 eine „historische" und eine „kosmologische", das Heilwesen begründende Symptomatologie ausdrücklich aufeinander bezogen (20.10.1918, GA 185).

Wo aber bleibt, wenn historische Wahrheit in ihrer reinsten Form in den flüchtigen Offenbarungen individuellen Schicksals erscheint, die „Objektivität" dieser Wahrheit, ihre sichere Gültigkeit? Mit dem Versuch einer Antwort auf diese Frage nähern wir uns einer Einsicht, die erst am Ende des fünften nachatlantischen Zeitalters, wenn die Bewusstseinsseele gesamtmenschheitlich entwickelt sein wird, allgemein gültig begriffen werden kann. Wenn historische Wahrheit vollkommen individuell wird, scheint sie nicht mehr vermittelbar zu sein. Wir geraten mit ihr, wenn wir sie vollkommen realisiert denken, in die Isolation des modernen Künstlers, der schließlich der Einzige bleibt, der sich selbst noch versteht. Aber hat nicht mein Schicksal mit dem Schicksal meiner Freunde und Feinde enge Berührung? Müsste nicht *mein* ganz und gar subjektives Bild von Geschichte, sofern ich „dem Karma einen wirklich aufrichtigen, wahrheitsgemäßen Lauf" gelassen habe, dem auf gleiche Weise gewonnenen Bilde meines Schicksalsnachbarn ähnlich sein? Wir gelangen mit dieser Erwägung zu dem Zukunftsbild einer historischen Objektivität, die überall dort entsteht, wo christliche Gemeinschaftsbildung stattfindet. Dante sah das voraus. Die seligen Geister seines Paradieses kommen zu geordneter Klarheit gemeinsamer Bewegung in vollkommener Freiheit.

Zur Person des Autors

Im Hinblick auf mein fortgeschrittenes Alter folge ich gern dem Vorschlag der Verleger dieses Sammelbandes, abschließend einiges über das Leben und die Person des Autors mitzuteilen. Rudolf Steiners Ideen und die davon inspirierte Kultur gemeinnütziger Tätigkeiten waren mir von Kindheit an vertraut. Meine Eltern lebten, aus einfachen Verhältnissen in Schlesien und Ostpreußen stammend, in den Stimmungen und Gewohnheiten der deutschen Jugendbewegung des ersten Jahrhundertdrittels. Sie entdeckten die Anthroposophie, heirateten als Mitarbeiter des Demeter-Betriebs Loverendale auf der Insel Walcheren in Holland und zogen dann nach Bad Saarow bei Berlin, wo mein Vater bis 1941 als Geschäftsführer des Demeter-Wirtschaftsbunds tätig war. Bald nach dem Krieg gingen sie zu *Franz Löffler* nach Gerswalde in der Uckermark, von dort dann zu *Siegfried Pickert* nach Schloss Hamborn bei Paderborn, schließlich zu *Rudolf Hauschka*, dem Begründer der Heilmittel-Firma WALA in Eckwälden bei Stuttgart: immer als anspruchslose, pflichtbewusste Mitarbeiter in einem anthroposophischen Gemeinschaftsunternehmen. Sie lebten mir vor, was ich dann selber, ohne von ihnen im Geringsten indoktriniert worden zu sein, zu leben versucht habe: eine sinnvolle Existenz im Licht der Geisteswissenschaft Rudolf Steiners.

Für meinen eigenen Weg war entscheidend, dass ich schon zu Beginn meines Studiums an der Universität Tübingen Lehrer traf, die mich auf energische und nachhaltige Weise in das Lebenswerk Rudolf Steiners einführten: *Diether Lauenstein*, den Philosophen, *Gerhard Kienle*, den Pionier einer zeitgemäßen anthroposophischen Medizin, *Siegfried Gussmann*, den Pfarrer der Christengemeinschaft und weisen Seelenführer, und *Anselm Basold*, den nüchternen, kritischen, zielbewussten Pragmatiker. Meine Tübinger Studienfreunde traf ich dann später von neuem als Lehrerkollegen in der *Rudolf Steiner Schule Ruhrgebiet* in Bochum und als Gründungsteam des *Gemeinschaftskrankenhauses* im benachbarten Herdecke. An der Universität beeindruckte mich vor allen anderen der Erziehungswissenschaftler und Meister des Verstehens *Otto Friedrich Bollnow*, bei dem ich im Pädagogischen Seminar über Rudolf Steiner vortragen durfte. Bei ihm studierten wir ein Semester lang *Ernst Cassirers* „Philosophie der symbolischen Formen".

Bald ging mir auf, dass sich die Waldorfbewegung, in der ich tätig sein wollte, gegenüber den Erziehungswissenschaftlern, von denen sie ihre Lehrer ausbilden ließ, in völliger Isolation befand. Wir wurden als Sekte betrachtet, und die Waldorfpädagogik ihrerseits blieb, traditionsorientiert, wie sie war, ganz auf sich selbst beschränkt. Darin lag ein schwerwiegendes Hindernis für jede weitere Ausbreitung unserer Ideen. Untereinander fühlten wir uns wohl, getragen vom gemeinsamen Vertrauen in die überzeugende Weisheit Rudolf Steiners. Aber seit dem Tod des großen Lehrers hatte sich die

Welt dramatisch verändert. Waren wir darauf eingegangen? Hatten wir hinreichend bemerkt, welche neuen Lebensbedingungen junge Menschen angesichts der gesellschaftlichen Modernisierungsschübe in der Nachkriegszeit zu bewältigen hatten, welche neuen Probleme die empirische Forschung um uns herum beschäftigten, welche faszinierenden Methodenfragen in der wissenschaftstheoretischen Diskussion erörtert wurden? Seit ich auf solche Fragen aufmerksam geworden war, kümmerte ich mich um Möglichkeiten zum Gespräch mit Andersdenkenden.

Mein Versuch, bei *Andreas Flitner* in Tübingen mit dem Thema Waldorfpädagogik zu promovieren, blieb schon im ersten Anlauf stecken. Zu ungeklärt waren damals die wissenschaftstheoretischen Grundsatzfragen, die dabei hätten einbezogen werden müssen, zu dürftig die Quellenlage, zu wenig fortgeschritten das Gespräch unter den Waldorfpädagogen selbst. Auch fehlte mir jede praktische pädagogische Erfahrung. Ich holte mir deshalb, wohlwollend gefördert durch den Pestalozzi-Verehrer *Friedrich Trost*, der dort die Leitung innehatte, im *Pädagogischen Institut* in Jugenheim an der Bergstraße einen staatlich anerkannten Abschluss als Lehrer an Volks- und Mittelschulen im Lande Hessen. Nach ersten Versuchen in der benachbarten Waldorfschule in Frankfurt am Main folgte ich meinem Studienfreund *Eginhard Fuchs* an die 1958 gegründete *Rudolf Steiner Schule Ruhrgebiet* in Bochum. Zwölf Jahre produktiver Arbeit in der Mittel- und Oberstufe dieser bemerkenswert lebendigen Schule schlossen sich an, die Sonnenzeit meines Lebens.

Im März 1962, noch bevor ich in Bochum anfing, hatte *Diether Lauenstein*, inzwischen Pfarrer in Essen, meinen Freund dazu ermuntert, am Rande der in Gründung befindlichen *Ruhr-Universität* in Bochum-Querenburg, nach dem Vorbild des kurz zuvor in Tübingen eröffneten *Johann-Gottlieb-Fichte-Hauses*, ein Studentenwohnheim zu bauen. Mit Hilfe von *Wilhelm Ernst Barkhoff*, dem Initiator der *GLS Gemeinschaftsbank*, gründeten wir einen Bauverein und realisierten das Projekt. Das *Friedrich-von-Hardenberg-Haus* wurde im Jahre 1965 eröffnet und entwickelte sich mit seinem geräumigen Saal, einem reichen Veranstaltungsprogramm, Tagungen und rauschenden Festen zugleich zu einem Ort des Gesprächs mit Andersdenkenden im Sinne Diether Lauensteins. Dramatisch wurde die Lage, als Ende der sechziger Jahre vom ASTA der Universität gesteuerte marxistische Kader die Hausversammlungen zu okkupieren begannen, mit dem Ziel, im Interesse staatlich subventionierter Träger, die niedrige Mieten garantieren konnten, alle privaten Studentenheime zu ruinieren. Wir mussten das Haus aufgeben. Als nebenamtlich tätiger Heimleiter habe ich dort, zusammen mit meiner jungen Familie, während der Jahre vor dem Ende über die Motive und die Befindlichkeiten der jungen Revoluzzer jener Zeit viel gelernt.

Währenddessen bekam es die Waldorfbewegung mit einer Welle der „Verwissenschaftlichung" aller pädagogischen Ausbildungsgänge zu tun. Die kleineren Pädagogischen Hochschulen und Akademien wurden an Universitäten verlagert, und damit kamen die in der Lehrerbildung bis dahin gepflegten volkspädagogischen Intentionen der Jugendbewegung, an die unsere Fortbildungskurse gut hatten anknüpfen können, zum Erlöschen. Angesichts dieser bedrohlichen Lage setzte sich unser Bochumer Lehrerkollegium gegen alle Bedenken der Tradition für die Idee eigener grundständiger Ausbildungsgänge für unseren Lehrernachwuchs ein. Zu diesem Zweck gründeten wir in Witten/Ruhr das *Institut für Waldorfpädagogik Annener Berg*. Zugleich wurde mit ähnlicher Zielsetzung das Stuttgarter Seminar des Waldorfbundes ausgebaut und die Mannheimer Hochschule neu gegründet. Das Wittener Institut, an dessen Aufbau ich seit 1973 mitwirken durfte, entwickelte sich erfolgreich und war schon im Jahr 1984/85 mit fast vierhundert Studierenden zur größten Waldorf-Lehrerbildungsstätte der Welt herangewachsen. Durch unsere Freundschaft mit *Francis Edmunds* und *Ria Déking-Dura* waren wir mit dem *Emerson College* in Forest Row, Sussex, England und mit der von *Bernard Lievegoed* begründeten *Vrije Hogeschool* in Driebergen, Holland, verbunden. Freunde aus der *Alanus Hochschule* in Alfter bei Bonn kamen hinzu. Unter Mitwirkung von *Jörgen Smit*, der seit 1975 dem Dornacher Vorstand der Anthroposophischen Gesellschaft angehörte, bildete sich als weltoffenes Gesprächsforum der *Driebergen-Kreis*. Bei einem Besuch dieses Kreises auf dem Annener Berg in Witten trug ich den Freunden damals eine Idee vor, die sich im Rückblick als wegweisend für alle Bemühungen um Steiners Esoterik zeigt, die ich seitdem verfolgt habe. Ich fand heraus, was Steiner, in zunächst verblüffendem Gegensatz zu seinen frühen Äußerungen über einen „göttlichen Weltenplan",[135] ab 1916 als „geschichtliche Symptomatologie" vertreten hat: eine historische Forschungsmethode von derartiger Kühnheit, dass so gut wie alle Experten sie bis heute völlig übersehen haben. Aus der Skizze des Vortrags, den ich damals gehalten habe, hätte ein ganzes Buch werden können. Sie ist hier im Anhang beigefügt.

Mit dem Erscheinen des bekannten Rowohlt-Bestsellers von *Christoph Lindenberg* im Jahre 1975[136] erlebte die Waldorfpädagogik in Deutschland einen Gründungsboom. Auf Anregung von Lindenberg unterstützten wir das von Bochum aus mit einem Taschenbuch, das gleichfalls bei Rowohlt erschien, einem kollegial erarbeiteten Selbstporträt unserer Schule, das wohlwollend aufgenommen und mehrfach nachgedruckt wurde.[137] Die Waldorfschulen erregten mehr Aufmerksamkeit, aber zugleich provozierten sie damit Kritik, auf die sie nicht eingestellt waren. Gerade jetzt war es wichtig, das Gespräch mit der allgemeinen pädagogischen Welt und speziell mit der akademischen Pädagogik endlich in Gang zu bringen. Es gelang mir, in der *Zeitschrift für Pädagogik*, dem Allerheiligsten der deutschen Erziehungswissenschaft, einen Bericht über den damals kümmerlichen Stand der Forschung zum Thema Waldorfpädagogik unterzubringen.[138] Wenig später wurde ich eingeladen, dort zu der 1985 veröffentlichten, äußerst aggressiven Gegnerschrift des Tübinger Erziehungswissenschaftlers *Klaus Prange* Stellung zu beziehen. Ich versuchte dabei, nicht nur den Kritiker zu widerlegen, sondern auch die anstehenden Forschungsfragen ergebnisoffen in die Diskussion zu bringen.

Gleichzeitig formierte sich am Waldorfseminar in Stuttgart ein Arbeitskreis, der renommierte Erziehungswissenschaftler mit kompetenten Waldorf-Fachleuten an einen Tisch brachte. Hier faszinierte mich schon bei der Vorbereitung des programmatischen Sammelbandes „Erziehungswissenschaft und Waldorfpädagogik", den dieser Kreis im Jahre 1990 veröffentlichte, der von *Christoph Gögelein* und *Christian Rittelmeyer* ins Gespräch gebrachte Gedanke, dass Steiners Äußerungen womöglich nicht so sehr als gültige Forschungsergebnisse aufzufassen seien, sondern als „heuristische", auf eigenes Suchen und Fragen hin angelegte erste Entwürfe.[139] Der Arbeitskreis, der noch heute besteht, publizierte in den anschließenden Jahren eine Reihe weiterer Bände, die das erhoffte Gespräch vertiefen konnten.

Eine ähnlich wichtige Erweiterung meines Gesprächshorizonts ergab sich nach der „Wende" von 1989. Mein Freund *Eginhard Fuchs*, der alle meine Bemühungen mit größter Anteilnahme begleitet hatte, kam mit *Tamás Vekerdy* in Berührung, einem anthroposophisch engagierten Mitarbeiter des Instituts für Schulentwicklung in Budapest, der uns für einige Wochen in Witten besuchte, um unsere Bibliothek zu konsultieren. Die dabei entstandene Freundschaft führte im Mai 1990 in Velence bei Budapest zur Begründung des *European Forum for Freedom in Education* (EFFE), einer Vereinigung von Reformpädagogen verschiedener Richtungen aus ganz Europa (mit Gästen aus Korea und Südafrika), die nach dem Zusammenbruch der Sowjet-Diktatur freiheitliche Impulse wieder beleben und vor allem die anstehenden Reformen der Gesetzgebung in den befreiten Ländern unterstützen wollte. Im Gespräch mit den Idealisten unterschiedlicher pädagogischer Strömungen, Vertretern der Montessori- und der Freinet-Pädagogik und

Vorkämpfern der Freien Elternschulen, korrigierten sich die eigenen Denktraditionen, vieles nahm neue Konturen an. Später entstand daraus die Bewegung *Beautiful Schools International*, die besonders in Russland und benachbarten Ländern tätig wurde. Wiederholte Reisen zur Förderung waldorfpädagogischer Lehrerbildung nach Ungarn, Russland und später vor allem nach Polen schlossen sich an.

Währenddessen geriet das Wittener Waldorf-Institut in langwierige Auseinandersetzungen mit den maßgeblichen Gremien des *Bundes der Freien Waldorfschulen*. Das machte mich sensibel für die Gefahren, die Dieter Brüll in seiner bis heute unübertroffenen Darstellung der Dreigliederungslehre Steiners in einem besonderen Kapitel als die „Pathologie des anthroposophischen Sozialimpulses" beschrieben hat.[140] Im Jahre 1993 entdeckte ich in der Auseinandersetzung mit Satzungsentwürfen für die neue *Internationale Assoziation für Waldorfpädagogik in Mittel- und Osteuropa* und weiter östlichen Ländern (IAO) (eine verdienstvolle Initiative, gegen die als solche ich nichts einzuwenden habe) die damalige Eigenart der internen Machtstrukturen des Bundes, deren Analyse zeigt, wie Ideen Rudolf Steiners durch fehlgeleitete Traditionen in problematische Lebensverhältnisse einmünden können. Der Text fand kein offenes Echo, aber im Stillen waren viele Leser dankbar für die ungenierte Selbstkritik, die damit sichtbar wurde.

Immer wieder spielten in solchen Auseinandersetzungen Grundsatzfragen über das Verhältnis des freien Geisteslebens der Zukunft zum Rechts- und Wirtschaftsleben mit hinein. Exemplarisch zeigt sich das an dem bedauerlichen

Ausscheiden eines engagierten Anthroposophen und gläubigen katholischen Christen, des renommierten Staatsrechtslehrers *Martin Kriele*, aus der Anthroposophischen Gesellschaft und der Freien Hochschule für Geisteswissenschaft, einem Vorgang, der mich tief berührt hat. „Anthroposophie stört niemandes religiöses Bekenntnis", hat Rudolf Steiner gesagt. Ist dieser Satz in der anthroposophischen Bewegung verstanden und beherzigt worden? Ich kam von da her auf die Frage nach der *Wahrheit* der Anthroposophie, die bei allen ideologischen Auseinandersetzungen in der Geschichte unserer Bewegung eine signifikante Rolle gespielt hat, und auf die damit zusammenhängende Frage nach der intersubjektiven Gültigkeit der geisteswissenschaftlichen Forschungsergebnisse Steiners und ihre sozialen Implikationen. Diesen Fragen bin ich dann in Aufsätzen der Jahre 1996 und 1999 weiter nachgegangen.

All diese Bemühungen hatten das naive Bild der Anthroposophie, mit welchem ich noch bis in die siebziger Jahre gelebt hatte, in manchen Punkten verändert. Jetzt erschien im Jahre 1997 *Christoph Lindenbergs* große Biographie, die das Leben Rudolf Steiners völlig neu beleuchtete und statt der traditionellen Ikone des erhabenen Weisheitslehrers einen Menschen sichtbar werden ließ, der von Kindheit an gegen Widerstände anzukämpfen hatte, dessen Erkenntnishorizont sich unablässig erweiterte, eines Menschen in ständiger Entwicklung, der trotz seiner besonderen Wahrnehmungsfähigkeiten und seiner enormen Belesenheit keineswegs „alles wusste", wie viele damals meinten, sondern bewundernswert war durch die Entschiedenheit seines Vordringens zu immer wieder neuen Räumen des

Erkennens. Gleichfalls im Jahre 1997 veröffentlichte *Günter Röschert*, als verantwortlicher Leiter der Ausländerbehörde einer Großstadt mit fremden Mentalitäten gut vertraut, der mir durch seine freimütigen Äußerungen in den von *Lorenzo Ravagli* herausgegebenen „Jahrbüchern für anthroposophische Kritik" angenehm aufgefallen war, sein programmatisches Werk „Anthroposophie als Aufklärung", in welchem er am Beispiel des verfehlten Bildes der Religion des Islam, das sich unter Anthroposophen eingebürgert hatte, auf gewisse Schwierigkeiten offener Gespräche unter den Schülern Rudolf Steiners aufmerksam machte.[141] Zugleich stellte Röschert hier die Anthroposophie in den Kontext der neueren wissenschaftstheoretischen Diskussion. Er hat sein Buch „dem Geiste Gotthold Ephraim Lessings" gewidmet, des großen Aufklärers, auf den Steiner sich immer wieder beruft, der aber unter seinen Schülern wenig Nachfolge gefunden hat. Die sachkundige religiöse Toleranz, für die Röschert sich einsetzt, fand ich dann später bekräftigt durch meinen Freund *János Darvas* in seinem Aufsatz-Sammelband „Gotteserfahrungen".[142]

Allmählich ging mir bei all dem auf, dass seit einigen Jahrzehnten im allgemeinen Kulturleben, veranlasst durch nicht mehr zu übersehenden Krankheitserscheinungen in der natürlichen und in der sozialen Umwelt, an vielen Stellen ein Suchen und Fragen eingesetzt hatte, das mit anthroposophischen Aktivitäten in mancher Hinsicht verwandt erschien, zugleich aber auch etwas fundamental Anderes darstellte. Die Bewegung des *New Age* breitete sich aus, zugleich mit einer für mich sehr fremdartigen Jugendkultur, und damit nahm der von Rudolf Steiner immer wieder berührte und oft entschieden betonte Begriff des *Esoterischen* ganz neue Färbungen an. Was einst als anspruchsvoller Weg zu höherem, heiligem Wissen respektiert wurde, glitt im allgemeinen Sprachgebrauch ins Spielerisch-Sensationelle ab, mit der Folge, dass wissenschaftlich gebildete, aufgeklärte Zeitgenossen, die dem „esoterischen" Hintergrund der von mir vertretenen Waldorfpädagogik auf die Spur kamen, misstrauisch werden mussten. Ich nahm die Gelegenheit wahr, in einer Festschrift für den von mir hoch geschätzten evangelischen Theologen *Paul Schwarzenau*, einem bekannten Förderer des interreligiösen Gesprächs, den Sachverhalt, so gut das damals ging, in Ruhe zu beleuchten. Der Amsterdamer Kulturhistoriker *Wouter J. Hanegraaff* hat im Jahr 1998 die Ideenwelt des *New Age* als *Religion* beschrieben.[143] Zusammen mit *Antoine Faivre, Nicholas Goodrick-Clarke* und anderen hat er dann in den anschließenden Jahren den Grund für ein neues kulturhistorisches Arbeitsfeld gelegt: die moderne Esoterik-Forschung. Für Kenner der Materie ist damit der Begriff des „Esoterischen" überzeugend rehabilitiert worden. Ich setzte mich dafür ein, diesen erfreulichen Tatbestand in der anthroposophischen Welt bekannt zu machen.[144]

Schon vorher hatte mich *Heinz Zimmermann*, an dessen Arbeitskreis zur Sprache Rudolf Steiners ich jahrelang teilgenommen hatte, im Namen des Vorstands am Goetheanum gefragt, ob ich bereit sei, die Ursprünge der *Freien Hochschule für Geisteswissenschaft* genauer zu beschreiben. Man wisse darüber nicht genug. Ich sichtete daraufhin das einschlägige Material in den Dornacher Archiven und veröffentlichte im

Einvernehmen mit Vorstand und Hochschulkollegium am Goetheanum im Jahre 2005 meine Ergebnisse.[145] Traditionell war die *Freie Hochschule für Geisteswissenschaft*, das Zentralorgan der *Anthroposophischen Gesellschaft*, als Ort der Lehre gesehen worden. Ihre Mitglieder versammelten sich, um gemeinsam die Nachschriften der neunzehn „Klassenstunden" anzuhören, die Steiner im Jahre 1924 als Hinführung zu den Meditationsübungen der Schule gehalten hatte. Die Texte selbst waren nur für die von der Hochschulleitung berufenen „Lektoren" zugänglich gewesen. Erst vom Jahre 1992 an waren sie über den Buchhandel erhältlich. Und obwohl, vor allem auf Betreiben von Jörgen Smit, schon vorher auch Versuche mit „frei" gehaltenen Stunden in Gang gekommen und ergänzende Gesprächskreise zugelassen waren, behielt doch die Hochschule im Bewusstsein vieler Mitglieder ebenso wie bei Außenstehenden ihren Nimbus als hierarchisch geleitete Pflegestätte höherer Weisheit. Steiner hatte nun aber, wie ich herausfand, mit einer einzigen Ausnahme niemandem erlaubt, die zugrunde liegenden Nachschriften vorzulesen oder auch nur zur Kenntnis zu nehmen. Seine ursprüngliche Intention richtete sich offensichtlich sehr viel stärker, als man anzunehmen gewohnt war, auf individuelle Aktivität. Für viele Leser meiner Studie war das ein befremdliches Ergebnis. Das Gleiche gilt für meine kritische Beleuchtung des problematischen Leitbilds vom „esoterischen Vorstand" (siehe dazu den Beitrag in diesem Band).

Eine überraschende Kette von Ereignissen folgte. Im Jahre 2007 erschien das bis heute vom wissenschaftlichen Mainstream und seinem Gefolge in den Medien als maßgeblich betrachtete umfangreiche Werk des Theologen und Historikers *Helmut Zander*, das Rudolf Steiner ein für allemal als Phantasten, als Plagiator und Eklektiker zu entlarven scheint.[146] Ich schrieb eine kritische Rezension in der Goetheanum-Wochenschrift und wurde bald darauf eingeladen, öffentlich mit dem Verfasser über seine Behauptungen zu diskutieren. Das brachte nicht viel, führte aber zu weiteren Gesprächen, die neue Gesichtspunkte zu Tage förderten. Ein Jahr später publizierte die Goetheanum-Leitung in neuer Form ihre Orientierungsschrift über die *Freie Hochschule für Geisteswissenschaft*, das „Blaue Buch", das bis dahin nur auf persönliche Anfrage hin abgegeben worden war und lediglich eine Sammlung von Aussagen Rudolf Steiners enthalten hatte. Zum ersten Mal riskierten es die leitenden Persönlichkeiten der Hochschule, ihre eigene Auffassung von den Aufgaben und der gegenwärtigen Lage der Hochschule öffentlich darzustellen: ein mutiger Schritt nach vorn.[147] Ich war — wohl im Hinblick auf meine Studie über die Geschichte der Hochschule — im Vorfeld um eine kritische Durchsicht des Textes gebeten worden. Weil eine entsprechende Vorbemerkung den Anschein erweckte, dass ich mit dem Inhalt der neuen Schrift einverstanden gewesen sei, nahm ich gern die Gelegenheit wahr, in einer von der Redaktion der Wochenschrift erbetenen Rezension des Büchleins anzumerken, was ich darin vermisst hatte.

Meine Studie von 2005 war schnell vergriffen. Die anhaltende Beschäftigung mit den darin aufgeworfenen Fragen brachte für die jetzt fällige zweite Auflage umfangreiche Erweiterungen und Präzisierungen mit sich. Was dabei herauskam, ließ eine Herausgabe im Einvernehmen mit der Hochschulleitung nicht mehr zu. Das Buch erhielt den neuen Titel „Steiners individualisierte Esoterik einst und jetzt" und bekam ein Schlusskapitel mit kritischen Anmerkungen, über die kein Konsens zu erreichen war (siehe den entsprechenden Beitrag in diesem Band). Das alles warf für mich ein neues Licht auf die gegenwärtige Situation der anthroposophischen Esoterik.

Im Zusammenhang damit war mir auch die Frage nochmals in aller Deutlichkeit klar geworden: Haben wir womöglich, ohne es zu merken, anthroposophische Forschungsergebnisse Rudolf Steiners entgegen seinen Intentionen aufgefasst wie empirisches Faktenwissen der heute üblichen Art? Ich schrieb darüber in der neuen Online-Zeitschrift *Research on Steiner Education* (RoSE), die von der *Alanus Hochschule* in Alfter bei Bonn in Zusammenarbeit mit dem *Rudolf Steiner University College* in Oslo herausgegeben wird, und stellte damit das aufgeworfene Problem in den sehr lebendigen Diskussionszusammenhang, der in den letzten Jahren von Alfter aus in die Wege geleitet worden ist. Im Wittener Waldorf-Institut bildete sich ein Arbeitskreis, der dem Thema längere Zeit über auf der Spur blieb.[148]

Als hilfreich bei all dem erwiesen sich eine Reihe von Kolloquien, die auf die Initiative von *Karl-Martin Dietz* im Rahmen des *Forums Zeitfragen* Probleme der modernen Esoterik-Forschung erörtert hatten,[149] und vor allem zwei neuere Arbeiten von *Ulrich Kaiser*, der den Zusammenhang von Dogma und Wahrheit im Werk Rudolf Steiners aufschlussreich untersucht hat[150] und neuerdings dem Gedanken nachgeht, dass Steiners

Vorträge und vieles in seinen Schriften im Lichte der neueren Forschung zum Begriff des *Performativen* zu verstehen sind.[151] Mir kam der Gedanke, ob wir nicht gut daran täten, Steiners gewaltiges Lebenswerk als ein *Provisorium* zu betrachten, etwas Vorläufiges, das erst durch individuelle Intuitionen, mit denen wir es aufgreifen, den angestrebten Boden der Wirklichkeit erreicht.

In diesem Zusammenhang fiel mir auf, dass Steiner seine entschiedene Absage gegenüber allen traditionellen Jenseitsvorstellungen, die in den letzten Jahren des neunzehnten Jahrhunderts mehrfach auftaucht[152] und unter Anthroposophen gewöhnlich taktvoll verschwiegen oder als verbale Entgleisung in einer kritischen Prüfungssituation verharmlost wird, nie hat zurückzunehmen brauchen. Bis an sein Lebensende ist er entschiedener Monist geblieben. Wie *Peter Heusser* gezeigt hat, lassen sich die „höheren" Wahrnehmungen, die er nach 1902 in den explizit anthroposophischen Schriften und Vorträgen schildert, als eine Stufenfolge begrifflicher Annäherung an *Emergenz*-Phänomene verstehen, an komplexe Zusammenhänge auf höheren Ebenen der Wirklichkeit, die nicht — nach dem Muster der materialistisch-positivistischen Denkweise — auf Phänomene der jeweils niederen Ebene zurückgeführt werden können.[153]

Dann kam die sonderbare Debatte über die neue Kritische Ausgabe der Grundwerke Steiners durch einen nicht anthroposophisch orientierten Wissenschaftsverlag, hervorgerufen durch eine symptomatische Kollision unterschiedlicher anthroposophischer Einstellungen und Lebensgewohnheiten, die stellenweise erschreckend fundamentalistische Züge annahm, zeitgleich mit der allgemeinen öffentlichen Erregung über islamistischen Fundamentalismus. Ich fühlte mich gedrängt, den Freunden im traditionalistisch orientierten Binnenraum unserer Bewegung scharf zu widersprechen und mich als Ketzer beschimpfen zu lassen. Ich hatte den ersten Band der neuen Kritischen Ausgabe auf Bitten der Redaktion in der Goetheanum-Wochenschrift rezensiert und war dadurch, ohne das beabsichtigt zu haben, in die Debatte hineingezogen worden. Wiederum auf Bitten der Redaktion ließ ich mich darauf ein, die anstehenden Probleme, wenn auch nur unzulänglich skizzenhaft, aus *historisch-soziologischer Perspektive* zu deuten. Damit habe ich den Unterschied zwischen einer *gewordenen* und einer *werdenden* Anthroposophie, zu dem mir schon früher einiges aufgegangen war, weiter präzisiert, erfreulicher Weise mit erstaunlich breitem — positivem wie negativem — Echo (siehe den entsprechenden Text in diesem Band).

Mein Bild von der Anthroposophie Rudolf Steiners hat sich damit stark verändert, hin zu einer künftigen Anthroposophie individueller Taten, wie sie Rudolf Steiner deutlich schon in dem geheimnisvollen, nach wenigen Wochen gescheiterten sozialen Versuch von 1911 ins Auge gefasst hatte.[154] Von *Ita Wegman* lernen wir, wie sich diese Anthroposophie in die Wege leiten lässt: mit voller Hochschätzung der Tradition, ohne Anspruch auf weisungsbefugte Wahrheiten, friedlich Schritt für Schritt im Gespräch und in Praxisversuchen sich entwickelnd, in überschaubaren menschlichen Verhältnissen, aus individueller Initiative.[155] Es gibt gegenwärtig an vielen Orten produktive Ansätze für ein solches Bemühen.

Ich bin auf meinem besonderen Weg zum Verstehen der Anthroposophie von Kindheit an durch besondere Menschen gefördert und beschenkt worden. Als Kind erlebte ich auf dem *Musterhof Marienhöhe* in Bad Saarow *Erhard Bartsch*, den mutigen Pionier der biologisch-dynamischen Landbau-Bewegung, in Gerswalde *Franz Löffler* und die Mitarbeiter seiner „Pädagogischen Provinz", unter ihnen die Universalkünstlerin *Helene Reisinger*, bei der ich Eurythmie und Rudolf Steiners Sprachübungen kennenlernte, und die unvergessliche Pianistin *Alexandra Graatz*. In Hamborn gehörten *Siegfried Pickert*, *Herbert Weiß* und *Frid Groddeck* zu meinen Lehrern, eine Schülerin Marie Steiners, in Stuttgart dann, wo ich meine beiden letzten Schuljahre absolvierte, *Ernst Bindel* und *Johannes Tautz*, neben einer eindrucksvollen Reihe von Kollegen wie *Herbert Hahn*, die den Geist der alten, der ersten Waldorfschule greifbar nah erscheinen ließen. Weitere bedeutende Namen habe ich oben schon erwähnt. Auf sie alle und auf die Schicksalsfügungen, die mich stufenweise mit ihnen zusammengebracht haben, blicke ich mit dem Gefühl innigster Dankbarkeit zurück. Den festen Rückhalt für alles verdanke ich meinen Eltern: der Mutter, die mit Freude sang und erzählte und so gern für Kinder sorgte, dem gewissenhaften Vater, der neben seinem Beruf bis ins hohe Alter die Werke Rudolf Steiners studierte und dabei an den Fortschritt der Welt dachte. Meiner Frau Elke danke ich für die bodenständigen Ratschläge, mit denen sie das Entstehen so gut wie aller meiner Aufsätze und Bücher begleitet hat.

Verzeichnis der Erstveröffentlichungen

Kapitel 1:

Esoterik in Wissenschaft, Kunst und Religion. In: Hans Grewel /
Reinhard Kirste (Hg.): „Alle Wasser fließen ins Meer ..." Die grenz-
überschreitende Kraft der Religionen. Köln u. a.: Böhlau, 1998, S.
54-62. Auch in: Das Goetheanum, 18. 4. 1999

Kapitel 2:

Wie hat Rudolf Steiner die Freie Hochschule für Geisteswissenschaft begründet? In: Das Goetheanum, 47/2012

Kapitel 3:

Das Leitbild vom „esoterischen Vorstand". In: Johannes Kiersch:
Steiners individualisierte Esoterik einst und jetzt. Dornach:
Verlag am Goetheanum, 2012, S. 79-82

Kapitel 4:

Reden über Karma. In: Anthroposophie II/2010, S. 160-165

Kapitel 5:

Kredit bei Rudolf Steiner. In: Anthroposophie I/2014, S. 1-9

Kapitel 6:

Gewordene und werdende Anthroposophie. In: Das Goetheanum,
27.6.2014

Kapitel 7:

Anthroposophie als Religion. In: Das Goetheanum, 6/2015, S. 6-8

Veröffentlichungen von Johannes Kiersch (Auswahl)

Die Waldorfpädagogik. Eine Einführung in die Pädagogik Rudolf Steiners. Stuttgart 1970, 13. Auflage 2015.

Freie Lehrerbildung. Zum Entwurf Rudolf Steiners. Stuttgart 1978. Englische Ausgabe 2006.

Fragen an die Waldorfschule. Flensburg 1991. Neuauflage: Argumente für die Waldorfschule. Die Antwort auf PISA. Flensburg 2004.

Fremdsprachen in der Waldorfschule. Rudolf Steiners Konzept eines ganzheitlichen Fremdsprachenunterrichts. Stuttgart 1992. Englische Ausgabe 1997.

Einführung und Kommentar zu Rudolf Steiner: „Allgemeine Menschenkunde". Dornach 1995. Ungarische Ausgabe o.J.

(Hrsg., mit Harm Paschen): Alternative Konzepte für die Lehrerbildung. Bd.2: Akzente. Bad Heilbrunn 2001.

(Hrsg.): Rudolf Steiner. Texte zur Pädagogik. Quellentexte für die Wissenschaften Bd. 2. Dornach 2004.

Zur Entwicklung der Freien Hochschule für Geisteswissenschaft. Dornach 2005. Englische Ausgabe 2006. Erweiterte Neuauflage: Steiners individualisierte Esoterik einst und jetzt. Dornach 2012.

Vom Land aufs Meer. Steiners Esoterik in verändertem Umfeld. Stuttgart 2008.

Aufsätze und weitere Veröffentlichungen:

Allgemeine Pädagogik und Rudolf-Steiner-Pädagogik: Möglichkeiten und Grenzen ihrer Verständigung. In: Otto Hansmann (Hrsg.): Pro und Contra Waldorfpädagogik. Würzburg 1987, S. 206 ff.

Umwelterziehung in der Waldorfschule. In: Jörg Calließ/Reinhold E. Lob (Hrsg.): Handbuch Praxis der Umwelt und Friedenserziehung Bd. 2, Düsseldorf 1987, S. 664-671.

„Lebendige Begriffe". Einige vorläufige Bemerkungen zu den Denkformen der Waldorfpädagogik. In: Fritz Bohnsack/Ernst Michael Kranich (Hrsg.): Erziehungswissenschaft und Waldorfpädagogik. Weinheim 1990, S. 75-94.

Empirische Naturwissenschaft, Diltheys Hermeneutik und die Wissenschaftstheorie Rudolf Steiners in „Von Seelenrätseln". In: Der Bildungswert des wissenschaftlichen Unterrichts in der Waldorfpädagogik. Manuskriptdruck der Pädagogischen Forschungsstelle beim Bund der Freien Waldorfschulen. Stuttgart 1991, S. 33-39.

Die Natur „verstehen" lernen. In: P. Buck/ E. M. Kranich (Hrsg.):
Auf der Suche nach dem erlebbaren Zusammenhang. Weinheim und Basel 1995, S. 213-217.

Fähig sein, die Sinne zu belehren. Überlegungen zur Erweiterung pädagogischer Wahrnehmungskompetenz. In: Bildung und Erziehung, 2/1995, S. 171-182.

Wirkung durch Empathie. Über Cassirer, Dilthey, Steiner und die vergessene Schlüsselkompetenz der Einfühlung. In: Bildung und Erziehung 1/2000, S. 65-77.

Wie studiert man Selbstverwaltungskompetenz? In: Johannes Kiersch / Harm Paschen (Hrsg.): Alternative Konzepte für die Lehrerbildung. Bd. 2: Akzente. Bad Heilbrunn 2001, S. 202-217.

Wiederholt die Entwicklung des Kindes die Bewusstseinsentwicklung der Menschheit? Ansichten Rudolf Steiners zum „psychogenetischen Grundgesetz". In: Das Goetheanum 15-16/2004, S. 8-10.

Steiners Esoterik in verändertem Umfeld. Überlegungen im Anschluss an Helmut Zander. (Nach einem Vortrag bei der Mitgliederversammlung des Bundes der Freien Waldorfschulen am 26. 10. 2007 in Stuttgart.) In: Erziehungskunst 12/2007, S. 1369-1372.

Gewordene und werdende Esoterik. In: Karl-Martin Dietz (Hrsg.): Esoterik verstehen. Anthroposophische und akademische Esoterikforschung. Stuttgart 2008, S. 14-24.

Ist Anthroposophie wissenschaftlich fragwürdig? In: Peter Loebell (Hg.): Waldorfschule heute. Stuttgart 2011, S. 348-356.

Waldorfpädagogik als Erziehungskunst. In: Rahel Uhlenhoff (Hg.): Anthroposophie in Geschichte und Gegenwart. Berlin 2011, S. 423-476.

Wie wird Steiners pädagogische Esoterik besprechbar? Thesen zu einer vermeidbaren Diskursblockade. In: Research on Steiner Education (RoSE) 2/2015, S. 26-35.

Anmerkungen

Anmerkungen zum Vorwort

1 Siehe den Bericht von Günter Röschert im Nachrichtenblatt „Was in der Anthroposophischen Gesellschaft vorgeht" vom 19. November 2000, S. 349f.

Anmerkungen zu Kapitel 1 „Esoterik" in Wissenschaft, Kunst und Religion

2 Susanne K. Langer: *Philosophie auf neuem Wege. Das Symbol im Denken, im Ritus und in der Kunst.* Frankfurt a. M., 1987.

3 Wolfgang Wieland: *Platon und die Formen des Wissens.* Göttingen 1982.

4 Ludwik Fleck: *Entstehung und Entwicklung einer wissenschaftlichen Tatsache.* Frankfurt 1980.

5 Thomas Szlezák: *Platon lesen.* Stuttgart-Bad Cannstatt 1993, S. 148ff.

6 Platon, 7. Brief, 341 C 5 - D 2, in der Übersetzung von Otto Apelt nach G. Reale: *Zu einer neuen Interpretation Platons.* Paderborn u. a. 1993, S. 100f.

7 Christian Meier: *Athen.* München 1995, S. 458ff. Karl Kerényi: *Die Mysterien von Eleusis.* Zürich 1962. Diether Lauenstein: *Die Mysterien von Eleusis.* Stuttgart 1987.

8 „Kein anderer Grieche überlieferte so viele Nachrichten über die eleusinischen Mysterien und kein Denker benutzte so viele Bilder aus diesen zum Ausdruck seiner Gedanken wie Platon" (Lauenstein a. a. O. S. 12).

9 Wieland a. a. O., S. 46.

10 Gerd-Klaus Kaltenbrunner: *Dionysius vom Areopag.* Zug/Schweiz 1996. Die gleiche Auffassung vertrat Rudolf Steiner (vgl. besonders die Vorträge vom 8. 10. 1905, GA 93a, S. 97f. und vom 25. 3. 1907, GA 96, S. 252f.).

11 Kaltenbrunner a. a. O., S. 430ff.

12 Paul Schwarzenau: *Das Kreuz. Die Geheimlehre Jesu*. Stuttgart 1990. Ders.: *Symboldidaktik aus der Sicht der Tiefenpsychologie C. G. Jungs*. In: Welt-Theologie. Gesammelte Aufsätze. Köln u. a. 1998, S. 166-176.

13 Paul Schwarzenau: *Das nachchristliche Zeitalter. Elemente einer planetarischen Religion*. Stuttgart 1993.

14 Wolfgang Tittmann: *Das Wachstumsauge der Pflanze als Bild der stammesgeschichtlichen Stellung des Menschen*. In: Wolfgang Schad (Hg.): *Goetheanistische Naturwissenschaft*. Bd. 1. Stuttgart 1982, S. 73-79.

15 Klaus Prange: *Erziehung zur Anthroposophie. Darstellung und Kritik der Waldorfpädagogik*. Bad Heilbrunn: Klinkhardt, 1985.

16 Heiner Ullrich: *Waldorfpädagogik und okkulte Weltanschauung*. Weinheim und München: Juventa, 1986.

17 Johannes Kiersch: *Die Waldorfpädagogik*. Stuttgart: Verlag Freies Geistesleben, Auflage 11 2007, S. 72ff.

18 Rudolf Steiner: *Allgemeine Menschenkunde als Grundlage der Pädagogik*. GA 293, 9 1992, S. 17ff.

19 Erhard Fucke: *Die Bedeutung der Phantasie für Emanzipation und Autonomie des Menschen*. Stuttgart: Verlag Freies Geistesleben, Auflage 2 1981.

20 Carlo Willmann: *Waldorfpädagogik. Theologische und religionspädagogische Befunde*. Köln u. a.: Böhlau, 1998.

21 Rudolf Steiner: *Aus der Ansprache zur Eröffnungsfeier der Freien Waldorfschule am 7. September 1919*. In: GA 293, S. 206. Hervorhebungen J. K.

Anmerkungen zu Kapitel 2 *Wie hat Rudolf Steiner die*
Freie Hochschule für Geisteswissenschaft begründet?

22 Überarbeitete Fassung eines Vortrages zur Michaeli-Tagung am Goetheanum, Dornach, im September 2012. Zitatnachweise, soweit nicht anders angegeben, in J. Kiersch: *Steiners individualisierte Esoterik einst und jetzt.* Dornach: Verlag am Goetheanum, 2012.

23 Thomas Meyer (Hg.): *Der Meditationsweg der Michaelschule in neunzehn Stufen. Rudolf Steiners esoterisches Vermächtnis aus dem Jahre 1924.* Basel: Perseus Verlag, 2011.

24 Bei der Wiedergabe dieser Notiz in den Einleitungen zu den Ausgaben von 1977 und 1992 fehlt im letzten Satz das Wort „nicht". Der Grund für diese Auslassung, die den Sinn ins Gegenteil verkehrt, liegt wohl darin, dass inzwischen überall gelesen wurde. Die Bearbeiter dürften deshalb angenommen haben, dass Marie Steiner sich geirrt habe und ihr Versehen stillschweigend zu korrigieren sei.

25 Siehe dazu Hella Wiesberger: *Rudolf Steiners esoterische Lehrtätigkeit.* Dornach: Rudolf Steiner Verlag, 1997.

26 In Lucifer-Gnosis Nr. 32, jetzt mit anderem Titel in GA 12, S. 36-51. Hier S. 49.

27 Siehe hierzu neuerdings Robin Schmidt (Hg.): *Gesellschaft für theosophische Art & Kunst — 1911. Dokumente und Interpretationen zu Geschichte und Gegenwart eines Impulses.* Dornach: Verlag am Goetheanum, 2012.

28 „Ich habe zum Beispiel einen Zweig kennengelernt, der hat die Ratschläge soweit ausgedehnt, dass er den Mitgliedern auch zu diesem oder jenem Buche geraten hat oder abgeraten hat. Gewisse Leute, die schon Mitglieder waren, durften selbst meine Theosophie nicht lesen, weil man sie nicht für geeignet fand" (GA 260, S. 154).

29 E. Zeylmans van Emmichoven: *Die Erkraftung des Herzens. Eine Mysterienschulung der Gegenwart. Rudolf Steiners Zusammenarbeit mit Ita Wegman.* Arlesheim: Verlag des Ita Wegman Instituts, 2009.

30 Tagebuchnotizen Albert Steffens vom 3. April 1925, nach J. Kiersch: *Steiners individualisierte Esoterik einst und jetzt.* Dornach: Verlag am Goetheanum, 2012, S. 247.

31 Vortrag vom 4. 4. 1912 in Helsingfors, GA 136, S. 41.

32 Heinz Zimmermann: *Die Lebensbedingungen der Anthroposophie heute. Ziele und Aufgaben der Anthroposophischen Gesellschaft und der Freien Hochschule für Geisteswissenschaft.* Dornach: Verlag am Goetheanum, 2007.

33 Vortrag vom 20. 7. 1924, GA 240.

34 Siehe dazu das Kapitel „Gewordene und werdende Esoterik" in J. Kiersch: *Vom Land aufs Meer. Steiners Esoterik in verändertem Umfeld.* Stuttgart: Verlag Freies Geistesleben, 2008, S. 58-74.

35 Siehe dazu die 14. Klassenstunde, GA 270/2, S. 81ff.

Anmerkungen zu Kapitel 3 Das Leitbild vom esoterischen Vorstand

36 Emil Leinhas: *Offene Antwort an Dr. Rittelmeyer und an alle, die sie hören wollen. Weihnachten 1926,* S. 5 (Archiv Goetheanum).

37 Nachrichtenblatt 3. 5. 1925.

38 Zu weiteren Einzelheiten siehe Johannes Kiersch: *Steiners individualisierte Esoterik einst und jetzt.* Dornach: Verlag am Goetheanum, 2012, S. 81f.

Anmerkungen zu Kapitel 4 Reden über Karma

39 Nach einem Referat beim Kolloquium zur Esoterikforschung am 18. März 2010 im Rudolf-Steiner-Haus Frankfurt.

40 Der Spiegel 47/2006, S. 187.

41 Das Goetheanum, 14.12.2007.

42 Zur Problematik solcher Vereinfachungen siehe Ludwik Fleck: *Entstehung und Entwicklung einer wissenschaftlichen Tatsache*. Frankfurt a. M. 1980.

43 Das Goetheanum, Nachrichten für Mitglieder 4/2008.

44 GA 126 (1992), S. 10.

45 Siehe hierzu Johannes Kiersch: *Gewordene und werdende Esoterik*. In: Karl-Martin Dietz (Hg.): Esoterik verstehen. Anthroposophische und akademische Esoterikforschung. Stuttgart 2008, S. 14-24.

46 GA 126, S. 82.

47 GA 21, S. 22. Siehe hierzu auch Andre Bartoniczek: *Imaginative Geschichtserkenntnis. Rudolf Steiner und die Erweiterung der Geschichtswissenschaft*. Stuttgart 2009.

48 Siehe hierzu Johannes Kiersch: *Vom Land aufs Meer. Steiners Esoterik in verändertem Umfeld*. Stuttgart 2008.

49 Ein schönes Beispiel dafür bringt Thomas Meyer: *Rudolf Steiners „eigenste Mission"*. Basel 2009, S. 94 ff.

50 Brief vom 18. August 1907, GA 262 (2002), S. 190 f.

51 Siehe etwa Johannes Tautz: *Walter Johannes Stein. Eine Biographie*. Dornach 1989.

52 Wilhelm Rath: *Rudolf Steiner und Thomas von Aquino*. Basel 2010, S. 42 ff.

53 Vortrag vom 20.7.1924, GA 240.

Anmerkungen zu Kapitel 5 Kredit bei Rudolf Steiner

54 Siehe dazu Johannes Kiersch: *„Mit ganz andern Mitteln gemalt." Überlegungen zur hermeneutischen Erschließung der esoterischen Lehrerkurse*

Steiners. In: Research on Steiner Education (RoSE), Vol 1, No 2 (2010), S. 73-82.

55 Heiner Ullrich: *Rudolf Steiner. Leben und Lehre.* München 2011, S. 185.

56 Ludwik Fleck: *Entstehung und Entwicklung einer wissenschaftlichen Tatsache. Einführung in die Lehre vom Denkstil und Denkkollektiv.* Frankfurt a. M. 1980.

57 Václav Havel: *Versuch, in der Wahrheit zu leben.* Reinbek bei Hamburg 1989, S. 26.

58 Johannes Kiersch: *Spiritualität auf der Suche nach Wirklichkeit — in pädagogischer Hinsicht.* In: Peter Buck / Peter Loebell (Hg.): *Spiritualität in Lebensbereichen der Pädagogik. 2015, Berlin & Toronto.*

59 Siehe etwa Thomas Steinfeld in der Süddeutschen Zeitung vom 10. 1. 2014.

60 Siehe besonders Jörg Ewertowski: *Die Entdeckung der Bewusstseinsseele.* Stuttgart 2007.

61 Owen Barfield: *Romanticism Comes of Age.* Middletown, Conn. 1967.

62 As you like it, II, 7.

63 Hamlet, II,2.

64 Hamlet, V,1.

65 Rudolf Steiner an Josef Köck, 13. 1. 1881. Briefe Bd. 1 (1985), S. 13. Siehe dazu Christoph Lindenberg: *Rudolf Steiner.* Stuttgart 1997, S. 84f.

66 Johan Huizinga: *Herbst des Mittelalters.* Stuttgart 1975 u. öfter.

67 Rudolf Steiner: *Das integrale Ich. Der Egoismus in der Philosophie.* Herausgegeben und eingeleitet von Daniel Baumgartner. Dornach 2009.

68 Peter Heusser: *Anthroposophische Medizin und Wissenschaft.* Stuttgart 2011, S. 59ff.

69 Susanne K. Langer: *Philosophie auf neuem Wege. Das Symbol im Denken, im Ritus und in der Kunst.* Frankfurt a. M. 1992, S. 103.

70 Rudolf Steiner: *Der Goetheanumgedanke inmitten der Kulturkrisis der Gegenwart*. GA 36 (1961), S. 128

71 Zur diesem Begriff siehe Erika Fischer-Lichte: *Performativität. Eine Einführung*. Bielefeld 2012.

72 Ulrich Kaiser: *Das Performative als ursprüngliche Dimension der Anthroposophie*. In: Die Drei 10/2014, S. 11-25.

73 Siehe dazu Martin Mulsow / Marcelo Stamm (Hg.): *Konstellationsforschung*. Frankfurt a. M. 2005.

74 An Hübbe-Schleiden, 16. 8. 1902. Briefe, Bd. 2 (1953), S. 270.

75 GA 21, S.22.

76 Martina Maria Sam: „... *in der Seele entzünden die eigene Tat*". *Über Rudolf Steiners geist-erweckenden Sprachstil am Beispiel des überpersönlichen „Es"*. In: Ernst-Christian Demisch u. a. (Hrsg.): *Steiner neu lesen. Perspektiven für den Umgang mit Grundlagentexten der Waldorfpädagogik*. Frankfurt a. M. 2014, S. 121.

77 Siehe dazu besonders die Vorträge vom 9. und 16. 12. 1916 und vom 13. 1. 1917. Zeitgeschichtliche Betrachtungen, GA 173a (2010), S. 65 und 175; GA 173c (2010), S. 31f.

78 Private Lehrstunde vom 7. 7. 1904. In: *Bewusstsein — Leben — Form*, GA 89 (2001), S. 254. Siehe dazu ausführlich Ulrich Kaiser: „*Wann wird das symbolische Gewand fallen?" Dogma und Methode. Zur Hermeneutik des Steinerschen Werks*. In: Die Drei 8-9/2011, S. 41-55.

Anmerkungen zu Kapitel 6 Gewordene und werdende Anthroposophie

79 Friedrich Glasl/Bernard Lievegoed: Dynamische Unternehmensentwicklung. Bern/Stuttgart 1993.

80 So im Abschiedsbrief an das Stuttgarter Waldorf-Kollegium 1924.

81 GA 300/3, S. 110ff.

82 Peter Selg: *„Die Medizin muss Ernst machen mit dem geistigen Leben."*
Rudolf Steiners Hochschulkurse für die „jungen Mediziner". Dornach: Verlag am Goetheanum, 2006.

83 GA 260, S. 92.

84 Zu den Einzelheiten siehe Johannes Kiersch: *Steiners individualisierte Esoterik einst und jetzt.* Dornach 2012, S. 89ff.

85 Ebd. S. 206f.

86 Ita Wegman an George Kaufmann 24. 11. 1932. Archiv London.

87 GA 31, S. 169.

88 Siehe die Neuausgabe Rudolf Steiner: *Das integrale Ich. Der Egoismus in der Philosophie,* Dornach 2009, mit einer aufschlussreichen Einleitung von Daniel Baumgartner.

89 Wouter J. Hanegraaff: *New Age religion and Western culture.* State University of New York Press, 1998.

90 Siehe dazu jetzt Günter Röschert: *Die Esoterik der moralischen Phantasie.* Neukirchen 2013.

91 Bodo von Plato: *Man kann nicht zweimal in denselben Fluss steigen. Anmerkungen zur Entwicklung der Anthroposophie.* In: Infoseiten Anthroposophie. Frühjahr 2008, S. 4-20.

92 Roman Boos: *Eine unwahre Behauptung.* In: Nachrichtenblatt vom 7. 1. 1934, S. 2.

93 GA 21, S. 29ff.

94 GA 89, S. 253f. Siehe dazu Ulrich Kaiser: *„Wann wird das symbolische Gewand fallen?" Dogma und Methode. Zur Hermeneutik des Steinerschen Werks.* In: Die Drei, 8-9/2011, S. 41-55, sowie Ernst-Christian Demisch u. a. (Hrsg.): *Steiner neu lesen. Perspektiven für den Umgang mit Grundlagentexten der Waldorfpädagogik.* Frankfurt a. M. u. a., 2014.

95 Rudolf Steiner: *Ein Weg zur Selbsterkenntnis des Menschen in acht Meditationen* (GA 16).

96 Vortrag vom 19. 10. 1917, GA 72, S. 64-106.

97 Johannes Kiersch: *Steiners individualisierte Esoterik einst und jetzt.* Dornach: Verlag am Goetheanum, 2012, S. 184.

98 Thomas Bauer: *Die Kultur der Ambiguität. Eine andere Geschichte des Islams.* Berlin 2011.

99 Johannes Kiersch: *Vom Land aufs Meer. Steiners Esoterik in verändertem Umfeld.* Stuttgart 2008, S. 58ff.

100 Georg Simmel: *Das Geheimnis. Eine sozialpsychologische Skizze.* In: Aufsätze und Abhandlungen 1901-1908. Bd.2. Frankfurt a. M. 1993, S. 317ff.

101 GA 35.

102 GA 28, Kap. VII, S. 120.

103 Siehe dazu Johannes Kiersch: *Steiners individualisierte Esoterik einst und jetzt.* Dornach: Verlag am Goetheanum, 2012, S. 198ff.

104 *Der Meditationsweg der Michaelschule in neunzehn Stufen. Rudolf Steiners esoterisches Vermächtnis aus dem Jahre 1924.* Herausgegeben von Thomas Meyer. Basel Auflage 2 2012, S. 336.

105 GA 260, S. 92.

Anmerkungen zu Kapitel 7 Anthroposophie als Religion

106 Nach einem Vortrag im Vidar-Zweig der Anthroposophischen Gesellschaft in Bochum, überarbeitete Fassung.

107 Thomas Steinfeld: Wie fotografiert man den Allgeist? Für die meisten ist die Anthroposophie nur ein Gerücht – die kritische Ausgabe der Schriften Rudolf Steiners kann das ändern. In: Süddeutsche Zeitung, 20. 1. 2014.

108 Gespräch vom 28. 9. 1921, GA 343 (1), S. 98f.

109 GA 21, S. 32f.

110 Das Goetheanum, 5. 12. 2014, S. 7.

111 Vortrag vom 18. 10. 1915, GA 254, S. 98.

112 Süddeutsche Zeitung 23. 12. 2014, S. 7.

113 GA 259, S. 225f.

114 Ebd. S. 290.

115 Ebd. S. 382.

116 Ebd. S. 543.

117 Ebd. S. 544.

118 Ebd. S. 581.

119 Ebd. S. 171.

120 Ebd. S. 174.

121 Ebd. S. 687.

122 GA 4 (1995), S. 268.

123 Ludwik Fleck: Entstehung und Entwicklung einer wissenschaftlichen Tatsache. Frankfurtz a. M.: Suhrkamp, 1980. Erstausgabe 1935.

124 Faust I, Zueignung.

125 Christoph Lindenberg: Individualismus und offenbare Religion. Rudolf Steiners Zugang zum Christentum. Stuttgart: Verlag Freies Geistesleben, 1970, 2. erweiterte Auflage 1995.

126 Christoph Lindenberg: Rudolf Steiner. Eine Biographie. Stuttgart: Verlag Freies Geistesleben, 1997.

127 Lorenzo Ravagli / Günter Röschert: Kontinuität und Wandel. Zur Geschichte der Anthroposophie im Werk Rudolf Steiners. Stuttgart: Verlag Freies Geistesleben, 2003.

128 David Marc Hoffmann: Rudolf Steiners Hadesfahrt und Damaskuserlebnis. Vom Goetheanismus, Individualismus, Nietzscheanismus,

Anarchismus und Antichristentum zur Anthroposophie. In: Rahel Uhlenhoff (Hg.): Anthroposophie in Geschichte und Gegenwart. Berlin: Berliner Wissenschafts-Verlag, 2011, S. 90ff.; Jörg Ewertowski: Anthroposophie als Geisteswissenschaft. Rudolf Steiners Geistbegriff vor dem Hintergrund von Aristoteles, Kant, Brentano und Dilthey. Ebd. S. 188ff.

129 Beispielhaft dafür Irene Diet: Das Geheimnis der Sprache Rudolf Steiners. Vom ungelösten Rätsel des Verstehens. Dietlikon (Schweiz): Ignis Verlag, 2011.

130 Arthur Zajonc: Meditation as Contemplative Inquiry. Great Barrington, Mass.: Lindisfarne Books, 2009. Deutsch: Aufbruch ins Unerwartete. Meditation als Erkenntnisweg. Stuttgart: Verlag Freis Geistesleben, 2010.

131 Siehe die fortlaufend aktualisierte Website des von Anna-Katharina Dehmelt initiierten Instituts für anthroposophische Meditation: www.InfaMeditation.de.

132 Rudolf Steiner: Welche Bedeutung hat die okkulte Entwicklung des Menschen für seine Hüllen und sein Selbst? GA 145.

Anmerkungen zum Kapitel Anhang/„Geschichtliche Symptomatologie"

133 Unter anderen Hans Erhard Lauer, Erich Gabert. Zweifel und erste Abgrenzungsversuche bei Christoph Lindenberg in seinem Nachwort zum Rudolf-Steiner-Themen-Taschenbuch Bd. 8, Stuttgart: Verlag Freies Geistesleben, 1982, besonders Seite 156ff

134 Dazu Lindenberg a. a. O.

135 Rudolf Steiner: *Okkulte Geschichtsforschung*. GA 34, S. 535-537.

136 Christoph Lindenberg: *Waldorfschulen: angstfrei lernen, selbstbewusst handeln. Praxis eines verkannten Schulmodells*. Reinbek bei Hamburg: Rowohlt, 1975.

137 Sönke Bai, Wilhelm Ernst Barkhoff, Michael Bockemühl u. a.: *Die Rudolf Steiner Schule Ruhrgebiet*. Reinbek bei Hamburg: Rowohlt, 1976.

138 Johannes Kiersch: *Die Pädagogik Rudolf Steiners (Waldorfpädagogik). Zum gegenwärtigen Stand der Forschung*. In: Z. f. Päd., 6/1982, S. 837-846.

139 Christian Rittelmeyer: *Der fremde Blick — Über den Umgang mit Rudolf Steiners Vorträgen und Schriften*. In: Fritz Bohnsack / Ernst-Michael Kranich (Hg.): *Erziehungswissenschaft und Waldorfpädagogik. Der Beginn eines notwendigen Dialogs*. Weinheim und Basel: Beltz, 1990, S. 64-74. Christoph Gögelein: *Was sind bestimmende Grundlagen der Waldorfpädagogik und aus welchen Quellen schöpft sie?* Ebd. S. 185-204.

140 Dieter Brüll: *Der anthroposophische Sozialimpuls*. Dornach: Verlag für Anthroposophie, 2012

141 Günter Röschert: *Anthroposophie als Aufklärung*. München: Trithemius Verlag, 1997.

142 János Darvas: *Gotteserfahrungen. Perspektiven der Einheit.. Anthroposophie und der Dialog der Religionen*. Frankfurt: Info3 Verlag, o. J.

143 Wouter J. Hanegraaff: *New Age religion and Western culture: esotericism in the mirror of secular thought*. State University of New York Press, 1998.

144 Johannes Kiersch: *Vom Land aufs Meer. Steiners Esoterik in verändertem Umfeld*. Stuttgart: Verlag Freies Geistesleben, 2008.

145 Johannes Kiersch: *Zur Entwicklung der Freien Hochschule für Geisteswissenschaft. Die Erste Klasse*. Dornach: Verlag am Goetheanum, 2005.

146 Helmut Zander: *Anthroposophie in Deutschland. Theosophische Weltanschauung und gesellschaftliche Praxis 1884-1945.* 2 Bde. Göttingen: Vandenhoeck & Ruprecht, 2007.

147 Johannes Kühl, Bodo von Plato, Heinz Zimmermann (Hg.): *Die Freie Hochschule für Geisteswissenschaft Goetheanum. Zur Orientierung und Einführung.* Dornach: Verlag am Goetheanum, 2008.

148 Siehe den Sammelband von Ernst-Christian Demisch u. a. (Hrsg.): *Steiner neu lesen. Perspektiven für den Umgang mit Grundlagentexten der Waldorfpädagogik.* Frankfurt a. M.: Peter Lang, 2014.

149 Siehe hierzu Karl-Martin Dietz (Hrsg.): *Esoterik verstehen. Anthroposophische und akademische Esoterikforschung.* Stuttgart: Verlag Freies Geistesleben, 2008.

150 Ulrich Kaiser: *„Wann wird das symbolische Gewand fallen?" Dogma und Methode. Zur Hermeneutik des Steinerschen Werks.* In: Die Drei, 8-9/2011, S. 41-55.

151 Ulrich Kaiser: *Das Performative als ursprüngliche Dimension der Anthroposophie.* In: Die Drei 10/2014, S. 11-25.

152 Siehe dazu besonders David Marc Hoffmann: *Rudolf Steiners Hadesfahrt und Damaskuserlebnis. Vom Goetheanismus, Individualismus, Nietzscheanismus, Anarchismus und Antichristentum zu Anthroposophie.* In: Rahel Uhlenhoff (Hg.): *Anthroposophie in Geschichte und Gegenwart.* Berlin: Berliner Wissenschafts-Verlag, 2011, S. 89-123.

153 Siehe dazu Peter Heusser: *Anthroposophische Medizin und Wissenschaft. Beiträge zu einer integrativen medizinischen Anthropologie.* Stuttgart: Schattauer, 2011, S. 57ff.

154 GA 264 (1996), S. 421-435.

155 Siehe dazu Johannes Kiersch: *Steiners individualisierte Esoterik einst und jetzt.* Dornach: Verlag am Goetheanum, 2012, S. 189-212.

Ebenfalls im Info3-Verlag erschienen

Jens Heisterkamp

Anthroposophische Spiritualität
Denken, Meditation und geistige Erfahrung
bei Rudolf Steiner. Eine Einführung

Info3-Verlag, Frankfurt am Main 2014

136 Seiten, Klappenbroschur, ISBN 978-3-95779-020-0

Auch als E-Book erhältlich

Waldorfpädagogik, bio-dynamischer Landbau, Misteltherapie, Wirtschaftsunternehmen wie Weleda – fast jeder kennt die Anthroposophie als praktische Reformbewegung. Worin aber liegt ihre spirituelle Botschaft?

Dieses Buch antwortet auf diese Frage und zeichnet den Weg nach, den Rudolf Steiner selbst vom philosophischen Denken zu Meditation und geistiger Erfahrung gegangen ist. So entstand ein neuer Zugang zu Spiritualität, der den Intellekt in Richtung einer Selbstklärung des Bewusstseins übersteigt. Ebenso dialogisch offen für neu Interessierte wie auch vertiefend für Kenner der Anthroposophie zeigt dieses Buch, worum es der anthroposophischen Spiritualität geht: um Selbstfindung im All-Einen.

Hans Büchenbacher

Erínnerungen 1933-1949

Zugleich eine Studie der Anthroposophie im Nationalsozialismus
Mit Kommentaren und fünf Anhängen herausgegeben
von Ansgar Martins

Info3-Verlag, Frankfurt am Main 2014

488 Seiten, Broschur, ISBN 978-3-95779-007-1

Auch als E-Book erhältlich

Hans Büchenbacher (1887-1977), der wegen seiner jüdischen Wurzeln den Vorsitz der Anthroposophischen Gesellschaft in Deutschland in der NS-Zeit abgeben und emigrieren musste, hat in seinen „Erinnerungen" verbittert das „Versagen der Anthroposophischen Gesellschaft gegenüber dem antichristlichen Nationalsozialismus" festgestellt. Mit dem vorliegenden Buch werden seine Aufzeichnungen erstmals veröffentlicht.

In fünf Anhängen diskutiert der Herausgeber Büchenbachers Beobachtungen und dokumentiert weitere Quellen und Hintergründe. So enthält der Band das erste Lebensbild des Philosophen Büchenbacher: Offizier im Ersten Weltkrieg, von Rudolf Steiner berufener Vortragsredner, Freund des in Auschwitz ermordeten Komponisten Viktor Ullmann, konfliktfreudiger Denker und leidenschaftlicher Anthroposoph. Die weiteren Anhänge untersuchen die Beziehungs- und Konfliktgeschichte von Anthroposophie und Judentum, politische Auseinandersetzungen der Anthroposophie vor 1933 sowie die ideologische und organisatorische Entwicklung der Anthroposophie und ihrer Praxisfelder in der Zeit des Nationalsozialismus. Vor allem wird erstmals die politische Position des Vorstands der Allgemeinen Anthroposophischen Gesellschaft herausgearbeitet. Dabei tritt ein verzweigtes Spektrum zwischen Anbiederung, Mitläufertum, Gegnerschaft und Verfolgung in zahlreichen Einzelschicksalen hervor.

Hendrik Vögler
Sinn und Sein meditieren
Eine Skizze

Info3-Verlag, Frankfurt am Main 2015
116 Seiten, Klappenbroschur, ISBN 978-3-95779-19-4

Die gesundheitlich positiven Auswirkungen von Meditation sind seit langem bekannt. Über viele Jahre hat der anthroposophische Arzt Dr. med. Hendrik Vögler Einführungen in die Meditation zur Förderung der Lebenskräfte gegeben. „Sinn und Sein" war dieser Kurs betitelt. Sinn und Sein in der Meditation zu suchen – das ist das Anliegen.

Im Mittelpunkt steht dabei eine Übung, die der Autor aus Anweisungen Rudolf Steiners selbständig weiterentwickelt hat. Die langjährigen Erfahrungen mit seiner Arbeit hat Hendrik

Vögler in einem Manuskript festgehalten. Schritt für Schritt wird eine Übungsfolge aufgebaut, die von einfachen Konzentrationsübungen über Imaginationen zu Gedanken und Bildern der tiefsten Verbindung von Mensch und Kosmos führt.

Hendrik Vögler hat aufgrund einer schweren Erkrankung sein Buch nicht mehr ganz abschließen können. Als Skizze zum Thema Meditation wird hier sein Vermächtnis einem breiteren, an spiritueller Entwicklung interessierten Publikum vorgelegt.

Anschrift des Verfassers:
Johannes Kiersch
Grabelohstr. 181 a
44892 Bochum
johannes.kiersch@freenet.de

 **INFO3**
VERLAG

Info3-Verlagsgesellschaft Brüll & Heisterkamp KG
Kirchgartenstr. 1
60439 Frankfurt am Main

Tel. 069 - 58 46 47
Fax: 069 - 58 46 16
E-Mail: vertrieb@info3.de
Web: www.info3-verlag.de